전선생의 갱년기 다이어트

| 일러두기 |

- 이 책에 있는 레시피는 1~2인분 분량을 기준으로 만들었으니 참고하시기 바랍니다.
- 전선생의 레시피는 참깨를 듬뿍 사용하는 게 특징이지만,
  대중의 기호에 맞춰 '적당량' 또는 '약간'으로 표기했으니 입맛에 따라 가감하시기 바랍니다.
- 모든 재료는 깨끗이 씻고 껍질을 벗겨 사용하는 것이 기본이지만 상황에 따라 사과, 고구마, 무 등은
  껍질을 벗기지 않고 사용하니 본문의 내용을 꼭 참고하시기 바랍니다.
- 레시피에는 상황에 따라 '쑥소금'을 사용합니다.
  쑥소금은 95쪽을 참고하여 직접 만들어 사용하는 것을 권장합니다.
- 이 책에 수록된 계량은 다음과 같은 표기를 따릅니다.
  쌀 1컵=160g
  1T=큰 숟가락 1큰술, 1t=찻숟가락 1큰술

JEON'S KITCHEN RECIPE
전미란
(전선생)
지음

전선생의 갱년기 다이어트

체중 감량, 불면증, 통증이 완화되는 해독 레시피

인스타그램
15만 팔로워

몸이 가벼워지는
50일 프로그램

-12kg을 만든
시그니처 레시피

서사원

프롤로그

생각을 바꾸면 몸이 바뀌는
식이가 가능해집니다

갱년기는 아픈 거예요.

그것도 모르고 요즘 자신이 나태해졌다고 자책하고 있진 않나요?

저도 그랬어요. 아침이면 몸이 무거워서 일어나기 힘들고,

식후에는 나른해서 잠이 쏟아지고

해야 할 일은 태산인데 몸이 말을 듣지 않자

저는 제가 게을러졌다고 생각했어요.

반성도 해 보고 다그쳐도 봤지만 나아지지 않더라고요.

갱년기는 엄살 부리는 게 아니라 진짜 몸이 아픈 거예요.

겉으로는 멀쩡해 보여도 안에서는 많은 변화가 일어나고 있거든요.

그 아픔을 잠재울 방법은 식이였어요.

식이를 바꾸고 나서야 구토와 두통이 사라졌고,

붉게 타올랐던 피부가 정상으로 돌아왔으며,

밤잠을 설치게 했던 손가락관절통도 없어졌어요.

다이어트를 한 것도 아닌데 몸은 가벼워지고

체중은 무려 12kg 넘게 빠졌답니다.

몸이 날렵해지니 어느 날부턴가 뛰고 싶다는 마음이 들었어요.

그제서야 깨달았어요.
갱년기로 아프던 저를 나무라지 말고 안아줘야 했다는걸.
그동안 게으르고 나태하다며 몰아붙인 저 자신에게
너무 미안해졌어요.

갱년기는 삶이 새로워지는 시기입니다.
갱년기의 갱(更)은 '다시 갱', '바뀔 갱'이래요.
십 대 때 찾아오는 사춘기가 몸의 변화라면,
갱년기는 삶 자체가 바뀌는 거예요.
그러니 아프고 힘들 수밖에 없어요.

그저 몸이 아프지 않기를, 시간이 지나기만을 기다리기보다
이 시간을 제대로 알고, 바르게 먹고, 잘 쉬는 게
앞으로 건강히 살아갈 수 있는 방법이에요.

이 책은 그런 시간을 지나온 저의 기록입니다.
생각이 달라지고 식사가 달라지고 삶이 달라진 이야기를 담았어요.
매일 아침 상상해보세요. 가벼워진 나, 건강한 나, 생기 있는 나,
멋진 나를 상상하며 지금의 자신을 안아주세요.

차례

프롤로그_생각을 바꾸면 몸이 바뀌는 식이가 가능해집니다 004
| INTRO | 내가 쓰고 먹는 것들의 이야기
    조리 도구 소개 016
    식재료 소개 020

CHAPTER 1

천연 수분을 채우는 아침 식사

나의 드레싱 이야기 026

#1 또 하나의 맛과 영양, 홈메이드 드레싱

- 깻잎순드레싱 031
- 고구마견과류드레싱, 당근견과류드레싱 032
- 단감드레싱 034
- 참나물드레싱 035
- 병아리콩드레싱 036
- 세발나물드레싱 038
- 셀러리잎드레싱 039

시장에서 느낀 샐러드에 대한 생각　　　　　　　　　　040
갱년기의 장 건강과 면역력　　　　　　　　　　　　046

#2 살아 있는 효소로 해독하는 아침 샐러드

- 과일야채샐러드　　　　　　　　　　051
- 사과양배추견과류샐러드　　　　　　052
- 병아리콩드레싱모듬샐러드　　　　　054
- 단감참나물샐러드　　　　　　　　　056
- 콩물셀러리샐러드　　　　　　　　　057
- 들깻가루오이샐러드　　　　　　　　058
- 세발나물청국장샐러드　　　　　　　060
- 새싹단감샐러드　　　　　　　　　　061
- 양배추홍초스테이크샐러드　　　　　062
- 당근콜라비샐러드　　　　　　　　　064
- 봄동토마토온샐러드　　　　　　　　065
- 포항초당근토마토구운샐러드　　　　066
- 토마토김두부샐러드　　　　　　　　067
- 계란찜샐러드　　　　　　　　　　　068
- 새우온샐러드　　　　　　　　　　　069
- 브로콜리온샐러드　　　　　　　　　070
- 생강초절임샐러드　　　　　　　　　071
- 오이참외샐러드　　　　　　　　　　072
- 과일야채들깨샐러드　　　　　　　　073
- 눈개승마샐러드　　　　　　　　　　074
- 열빙어부추온샐러드　　　　　　　　076
- 버섯스테이크샐러드　　　　　　　　078
- 셀러리참외샐러드　　　　　　　　　080
- 해초샐러드　　　　　　　　　　　　081

갱년기, 습관을 바꾸니 시작된 놀라운 변화 082

#3 혈당 스파이크 없는 든든한 수프

- 고구마두부수프 089
- 브로콜리고구마두부수프 090
- 블랙수프 092
- 버섯두부수프 093
- 병아리콩고구마두부수프 094
- 당근고구마두부수프 096
- 양송이두부수프 097
- 단호박브로콜리두부수프 098
- 치킨토마토수프 100
- 당근감자수프 102
- 그린수프와 두부구이 104

CHAPTER 2

하루의 에너지를 채우는 점심 식사

갱년기 다이어트를 위한 소소한 비법 108
생각만 해도 살이 빠지는 마법 112

#1 심심한 밥에 맛과 건강함을 넣은 일석이조 영양밥

- 고구마영양밥 117
- 다시마영양밥 118

○ 녹차밥	119
○ 쑥톳밥	120
○ 꼬막톳밥과 달래양념장	122
○ 생톳밥	124
○ 멸치취나물주먹밥	126
○ 당근김밥	127
○ 비름나물밥	128
○ 셀러리잎깻잎김밥	129
○ 다시마채김밥	130
○ 양배추닭백숙	132
○ 양배추참나물에그스크램블	134
○ 토마토하이라이스	136
○ 해초오이국수	138
○ 해초묵밥	139
○ 청국장버섯가지덮밥	140

CHAPTER 3

비어 있는 영양소를 채우는 국과 반찬

갱년기 관절 통증과 탈모   144

#1 자연의 영양을 담은 간단한 반찬

○ 취나물무침   153

- 당근숙주나물무침　154
- 청경채숙주나물무침　155
- 햇미역오이무침　156
- 흑임자고구마생채　158
- 사과무생채　159
- 3가지버섯오이볶음　160
- 굴비트봄동볶음　161
- 연근채소찜　162
- 셀러리잎열빙어구이　163
- 섬초무스테이크　164
- 채소두부조림　166
- 닭봉간장조림　168
- 삼치조림　170
- 마늘종무침과 주먹밥　172
- 고등어두부구이　174
- 소고기와 명이나물겉절이　175
- 닭고기오이냉채　176
- 새우김만두　178
- 삼색채소생채　179
- 마늘수육　180
- 백김치두부찜　181
- 닭가슴살스프링롤　182
- 셀러리당근장아찌　184
- 벵고돔찜　185

갱년기 피부 이야기　186
몸의 수분을 지키는 방법　190

#2 자극은 줄이고 영양은 더하는 따뜻한 국

- 닭미역국　199

○ 들깨미역국	200
○ 우뭇가사리병아리콩국	201
○ 연근봄동들깨탕	202
○ 취나물맑은순두부국	204
○ 계란김순두부국	205
○ 무채국	206
○ 버섯들깨탕	207

정서적 안정감을 가지는 방법 　　　　　　　　　　208

#3 단맛은 줄이고 영양은 높인 간편한 간식

○ 생강계피차	215
○ 수삼두유	216
○ 당근찹쌀쿠키	217
○ 브로콜리바나나계란빵	218

고민 상담소_전선생에게 물었습니다	220
식단_갱년기 다이어트 50일 프로그램	228
갱년기 다이어트 성공 후기	246
에필로그_갱년기야 고마워!	248
찾아보기	250

INTRO

내가 쓰고
먹는 것들의 이야기

조리 도구 소개

저는 건강한 음식은 '조리하는 순간부터' 시작된다고 믿습니다.

그래서 재료를 고르는 것만큼,

도구를 선택하는 것도 중요하게 생각해요.

제 주방엔 화려한 도구나 전자 제품이 없어요.

전자레인지, 에어프라이어, 전기밥솥 없이도 충분히

건강하게 잘 먹고 잘 살 수 있거든요.

대신 꼭 필요한 것들, 가능한 자연에 가까운

것들로만 꾸려져 있어요.

예를 들면 오래된 단풍나무나 약재나무로 만든 통나무 도마,

흡수력이 뛰어나고, 삶아 쓸 수 있어서 위생적으로도 월등한

강화 소창으로 만든 소창행주,

화학 성분 없이 미네랄로만 만든 천연 주방세제,

직접 연마석으로 갈아 만든 국내산 주방 칼과

볶음 요리를 위한 웍, 국을 끓일 스테인리스 냄비 몇 개

이 정도가 제가 가진 전부예요.

저는 환경도 건강의 일부라고 생각해요.

그래서 일회용 수세미나 행주는 쓰지 않고,

기저귀 천으로도 쓰였던 소창행주를 삶아가며 씁니다.

물기를 부드럽고 빠르게 흡수해주고, 쓸수록 더 위생적이거든요.

도마나 나무 조리도구 역시 화학 세제 대신

천연 주방세제로 세척해요.

세척력도 좋고, 나와 지구를 위하는 방식이니까요.

음식도, 도구도, 삶의 방식도

자연의 결을 따라 천천히 걸어가는 길이

가장 건강하고 오래 함께 걸어갈 수 있는 길이라고 믿습니다.

나무 도마

단풍나무 또는 약재로 쓰이는 나무로 만든 통 원목 도마를 사용합니다. 플라스틱 도마보다 칼날이 덜 상하고, 나무의 자연스러운 향과 결이 음식과 손에 전해져 조리하는 시간이 한결 따뜻해집니다. 식재료가 닿는 곳이기 때문에 믿고 쓸 수 있는 자재로, 정성스럽게 관리하며 씁니다.

소창행주

인천 강화에서 만든 국내산 소창 원단으로, 흔히 기저귀 천으로도 쓰이던 원단입니다. 쓰면 쓸수록 흡수력이 좋아지고, 삶거나 빨아 쓸 수 있어 위생적이며, 오래 쓰기 때문에 환경 부담도 적습니다. 내 손이 닿는 부엌을 가장 깨끗하게 유지해주는 고마운 존재입니다.

주방 칼

국내 장인의 손에서 연마석으로 정갈하게 갈아낸 주방 칼입니다. 적당한 무게감과 손에 착 감기는 그립감, 잘 들되 과하지 않은 날카로움이 재료를 다룰 때 믿음을 줍니다.

좋은 칼은 식재료를 상하지 않게 자르고, 조리하는 사람의 손목과 어깨도 덜 아프게 도와줍니다.

천연 주방세제

계면활성제 같은 화학 성분 없이 천연 미네랄로만 만든 주방 세제로, 안심하고 사용할 수 있으며 세정력도 좋아요. 나무로 만든 조리 도구에도 부담 없이 쓸 수 있고요. 환경에도, 우리 몸에도 안전한 선택이라 꾸준히 사용 중입니다.

나무 조리 도구

국자, 주걱, 집게 등 되도록이면 나무로 만든 도구를 사용하려고 해요. 손에 닿는 감촉이 좋고, 조리 도중에도 열을 과하게 전달하지 않아 안전하거든요. 코팅 팬이나 냄비에도 상처를 남기지 않아 오래도록 아껴 쓸 수 있어요.

식재료 소개

저는 식재료를 선택할 때 2가지를 가장 중요하게 생각합니다.
첫째, '살아 있는 식재료인가?' 하는 점이에요.
자연이 준 상태의 식재료에는 우리 몸에 꼭 필요한
에너지가 가득 담겨 있다고 생각해요.
가공식품을 선택할 때도 세척, 냉동과 같은
최소한으로 가공한 식재료를 써야 그 속에 담긴 에너지를
우리가 받아들일 수 있겠지요.
살아 있는 재료를 먹어야 우리 몸의 소중한
에너지를 불필요한 데 쓰지 않고, 영양소를 온전히
흡수하고 활용할 수 있다고 믿어요.
진짜 건강한 음식은 자연의 힘이 살아 숨 쉬는
재료 선택에서부터 시작한다고 생각해요.

둘째, '주변에서 쉽게 구할 수 있는 재료인가?'입니다.
저는 주로 우리 땅에서 자란 제철 식재료를 사는 편이에요.

먼 곳에서 온 것보다 우리가 손쉽게 구할 수 있는 재료가

더 신선하고 영양학적으로 가장 우수하다고 믿거든요.

포장도 간단하게 되어 있다면 환경에도

부담이 덜어져 더욱 좋겠죠.

예를 들면 저는 음식을 만들 때 주로 사과, 셀러리, 당근,

양배추, 브로콜리, 파프리카, 고구마, 두부, 계란, 새우 등

가까운 시장이나 마트에서 쉽게 구할 수 있는

제철 식재료를 선택해요.

이 재료들에 적절한 조리법이 더해진다면

매일 먹어도 질리지 않는 음식이 되지요.

평소엔 단짠초유 기본 샐러드, 소화력이 떨어지는 날엔

따뜻하게 익힌 온 샐러드, 몸이 잘 붓고 체중 감량에

정체기가 왔을 땐 스프류로 활용할 수 있답니다.

식재료 외에 '맛을 더하는 재료'도 빠질 수 없겠죠.

저는 소금, 후추, 생들기름, 레몬즙을 기본 양념으로 자주 써요.

특히 생들기름은 우리 땅에서 자란 들깨로,

저온 압착해 영양을 최대한 보존한 걸 고집합니다.

재료 본연의 맛은 살리고, 입맛을 돋우고,

몸이 지치지 않도록 도와주는 역할을 하지요.

좋은 식재료와 간단한 양념만 넣어도 생각보다 꽤 맛있고,

훌륭하며, 지속 가능한 식단을 만들 수 있을 거예요.

결국 저는 자연이 준 생명력 가득한 식재료를 직접 만나고,

그 힘을 온전히 느끼면서 요리하는 게

가장 좋은 음식을 만드는 길이고

더 건강한 삶을 살아갈 수 있는 방법이라고 생각합니다.

CHAPTER 1

천연 수분을 채우는
아침 식사

나의 드레싱
이야기

홈메이드 드레싱 레시피를 설명하기 전에
제가 드레싱을 처음 만들었을 때
이야기를 먼저 들려드릴게요.
저는 대학에서 10년간 학생들에게
스파테라피 이론과 기술을 가르쳤어요.
그러다 보니 전 세계의 다양한 스파를
경험하는 것이 제 일 중 하나였죠.
기후, 환경, 문화가 전혀 다른 여러 지역의
스파 프로그램들을 접하면서 많은 걸 느꼈는데요.
그중에서도 특히 다양한 스파 푸드가
너무 인상 깊고 재미있었어요.
개인적으로 제가 좋아하는 식스센스스파는
도심에 있기도 하지만,
멀리 오지에 자리한 곳도 있어요.
예를 들면 섬이나 한적한 숲속 같은 곳이죠.

그곳에서는 직접 기른 식재료에 간단한 양념만 더해 다양한 드레싱을 만들어줘요. 최소한의 조리과정만 거쳐 한 끼를 대접하는 것이지요.

우리나라로 치면 텃밭에서 딴 싱싱한 야채를
상에 올리는 것과 비슷한 느낌이에요.

예를 들어볼게요.
텃밭에서 방금 딴 깻잎을 믹서에 넣고, 올리브오일, 소금,
마늘, 레몬즙, 후추, 깨나 견과류를 추가해 갈아주면
환상적인 맛의 깻잎드레싱이 완성돼요.
해외에서는 주로 올리브오일을 사용하지만,
올리브오일 대신 신선하고 영양가 높은
기름이 있다면 그걸 써도 좋아요.
저는 생들기름을 자주 사용합니다.
마늘은 기호에 따라 넣거나 생략해도 됩니다.
마늘은 깊은 풍미를 느끼게 하고 입맛을 돋우지만,
불편한 자극으로 느껴질 수도 있어요.
그럴 때는 빼는 것도 괜찮아요.
같은 맥락으로 소금도 취향에 따라 가감하면 됩니다.
음식의 맛을 높이는 데 짠맛은 필수 조건이지만,

건강 상태나 상황에 맞게 조절하는 게 중요하니까요.
깨나 견과류는 단백질이 되기도 하고,
양질의 기름으로써 훌륭한 영양소가 되기도 해요.
만약 호두가 제철이라면 햇 호두를 음식에 넣어보세요.
깨가 특산물인 지역이라면 방금 수확한 깨를
요리에 활용해보세요.
같은 재료인데도 맛이 다르다는 걸 느낄 수 있을 거예요.
후추도 빠질 수 없는 향신료이지요.
후추는 단순히 풍미를 높이는 것을 넘어
음식을 물리지 않고 오래 먹게 해주며
건강식을 지속할 수 있게 도와줘요.
그래서 후추가 5대 향신료에 속하는 거겠죠.
신맛이 일품인 레몬즙은 어떤가요.
귤이 나는 겨울에는 감귤을 활용해보세요.
유자도 좋아요. 드레싱의 풍미가 훨씬 풍성해질 거예요.

음식의 최고봉은 뮈니 뮈니 해도 '제철 재료'입니다. 멀리서 찾지 말고 내가 살고 있는 지역에서 쉽게 구할 수 있는 재료가 가장 우수하다는 사실, 꼭 기억해주세요.

#1   또 하나의 맛과 영양,
홈 메이드 드레싱

깻잎순드레싱은 맛으로 보나 영양으로 보나
자칫 밋밋할 수 있는 야채찜에
매력적인 포인트가 됩니다.

향긋함으로 완성된 특별한 맛
깻잎순드레싱

| 재료 |
깻잎순 1줌
레몬즙 1T
생들기름 1T
참깨 1T
소금 1꼬집

1. 깻잎순의 줄기는 자르고 잎만 가볍게 씻어줍니다.
2. 믹서에 깻잎순 잎, 레몬즙, 생들기름, 참깨, 소금을 넣고 곱게 갈아줍니다.

○ 톡톡 정보

얼음 틀에 깻잎순드레싱을 넣고 얼려두었다가 상온에 녹이거나 전자레인지에 10초 돌려주면 방금 만든 것 같은 드레싱이 됩니다.

달콤함과 고소함의 완벽한 조화
고구마견과류드레싱, 당근견과류드레싱

달콤한 맛이 일품인 고구마와 달면서 담백하기까지 한 당근을 가지고 각각의 매력이 부각되는 드레싱을 만들어볼게요. 두 드레싱에 곱게 간 견과류를 추가하면 부드러우면서 고소한 맛이 달콤한 맛을 살포시 덮어줘 맛이 더욱더 깊어져요. 생들기름은 고구마에 깊이를, 라임즙은 산뜻함을 더해주고, 소금 한 꼬집은 전체의 맛을 깔끔하게 정돈하면서 감칠맛을 끌어올려요. 레시피에 적힌 그대로 따라 만들면 달콤하고 담백하며 고소하고 상큼한, 균형 잡힌 자연의 맛을 느낄 수 있을 거예요.

고구마견과류드레싱

| 재료 |
고구마 1/2개, 견과류 1줌, 라임즙 1T, 생들기름 1T, 소금 1꼬집

1. 고구마는 껍질째 깨끗하게 씻은 뒤 반달썰기해줍니다.
2. 찜기에 반달썰기한 고구마를 넣고 10분간 익혀줍니다.
3. 믹서에 견과류를 넣고 곱게 갈아준 뒤 찐 고구마, 라임즙, 생들기름, 소금을 넣고 다시 한 번 곱게 갈아줍니다.

당근견과류드레싱

| 재료 |
당근 1/2개, 견과류 1줌, 라임즙 1T, 소금 1꼬집

1. 당근은 반달썰기해줍니다.
2. 찜기에 반달썰기한 당근을 넣고 10분간 익혀줍니다.
3. 믹서에 견과류를 넣고 곱게 갈아준 뒤 찐 당근, 라임즙, 소금을 넣고 다시 한 번 곱게 갈아줍니다.

○ 톡톡 정보
- 드레싱이 되직하면 야채 찐 물을 약간 추가해주세요.
- 라임즙 1T 대신 레몬즙 1T를 사용해도 됩니다.
- 얼음 틀에 고구마견과류드레싱, 당근견과류드레싱을 넣고 얼려두었다가 상온에 녹이거나 전자레인지에 10초 돌려주면 방금 만든 것 같은 드레싱이 됩니다.

과일처럼 깎아 먹던 단감이
이렇게 맛있었다니!
가을이 기다려지는 맛이에요.

심플한 샐러드를 달콤하고 고소하게 바꾸는
단감드레싱

| 재료 |
단감 1개
견과류 1줌
생들기름 1T
소금 1꼬집

1. 단감은 껍질을 깎고 먹기 좋게 썰어줍니다.
2. 믹서에 먹기 좋게 썬 단감, 견과류, 생들기름, 소금을 넣고 곱게 갈아줍니다.

○ **톡톡 정보**
- 단감 껍질은 떫은맛이 나니 꼭 껍질을 깎아서 쓰세요.
- 얼음 틀에 단감드레싱을 넣고 얼려두었다가 상온에 녹이거나 전자레인지에 10초 돌려주면 방금 만든 것 같은 드레싱이 됩니다.

참나물의 은은한 향은 다른 재료들과 잘 어울려요. 참나물 대신 깻잎이나 취나물로 드레싱을 만들어도 좋아요.

상쾌하면서 새초롬하게 달콤한
참나물드레싱

| 재료 |
참나물 1줌
레몬즙 1T
생들기름 1T
들깨 2T
소금 1꼬집

1. 참나물은 깨끗하게 씻어줍니다.
2. 끓는 물에 소금 약간, 참나물을 넣고 데친 뒤 듬성듬성 썰어줍니다.
3. 믹서에 듬성듬성 썬 참나물, 레몬즙, 생들기름, 들깨, 소금을 넣고 곱게 갈아줍니다.

○ 톡톡 정보

참나물은 데치지 않고 생으로 사용해도 됩니다.

군것질이 생각나지 않는 든든한 후무스

병아리콩드레싱

후무스는 중동 지역의 전통적인 음식으로, 주재료는 병아리콩(혹은 이집트콩)과
타히니(참깨 페이스트)입니다. 건강에 좋은 단백질, 섬유질, 비타민, 그리고 미네랄이 풍부해 영양가가 높고
포만감도 오래 지속된답니다. 야채 스틱이나 샐러드, 통곡물 크래커와 잘 어울려요.

| 재료 |
병아리콩 100g, 견과류 1줌, 병아리콩 삶은 물 적당량
레몬즙 2T, 생들기름 2T

1. 병아리콩은 물에 담가 반나절 이상 불려줍니다.
2. 냄비에 불린 병아리콩, 적당량의 물을 넣고 1시간 이상 삶은 뒤 불을 꺼줍니다. 병아리콩 삶은 물은 버리지 말고 그대로 둡니다.
3. 믹서에 삶은 병아리콩, 견과류, 병아리콩 삶은 물 적당량, 레몬즙, 생들기름을 넣고 곱게 갈아줍니다.

○ 톡톡 정보

- 견과류는 호두, 아몬드, 캐슈너트 등 취향에 맞게 사용하세요.
- 생들기름 2T 대신 올리브오일 2T를 사용해도 됩니다.
- 입맛에 따라 다진 마늘, 소금, 후추를 추가한 뒤 잘 섞어주세요.

해안가에서 자라는 세발나물은
약간의 염분을 머금고 있어
자연스러운 짠맛이 나고
상쾌한 느낌이 있어요.
세발나물이 나는
봄이 오면 드레싱을
만들어보세요.

바다 내음 머금은 상큼한 감칠맛
세발나물드레싱

| 재료 |
세발나물 1줌
견과류 1줌
레몬즙 1T
생들기름 2T
참깨 듬뿍
소금 1~2꼬집

1. 세발나물은 가볍게 씻어줍니다.
2. 믹서에 견과류를 넣고 곱게 갈아 준 뒤 세발나물, 레몬즙, 생들기름, 참깨, 소금을 넣고 다시 한 번 곱게 갈아줍니다.

○ 톡톡 정보
- 드레싱이 되직하면 레몬즙, 생들기름을 약간씩 추가해주세요.
- 채썬 사과, 양배추, 파프리카를 세발나물드레싱에 버무려보세요. 맛있는 샐러드가 됩니다.

셀러리는 마치 동남아 여행 중에 맛집을 발견한 듯 이국적인 상큼한 향을 머금고 있어서 평범한 식단에 활기를 불어넣는 역할을 해요.

싱그러움에 고소함 한 스푼
셀러리잎드레싱

| 재료 |

셀러리 3대
견과류 2줌
레몬즙 2T
생들기름 3T
소금 2꼬집
후추 2꼬집

1. 셀러리는 줄기를 자르고 잎만 깨끗하게 씻어줍니다. 견과류 1줌은 잘게 부숴줍니다.
2. 끓는 물에 셀러리 잎을 넣고 살짝 데쳐줍니다.
3. 믹서에 셀러리 잎, 견과류 1줌, 레몬즙, 생들기름, 소금, 후추를 넣고 곱게 갈아줍니다.
4. 셀러리잎드레싱에 잘게 부순 견과류를 올려줍니다.

○ 톡톡 정보

모서리까지 바삭하게 구운 두부구이에 셀러리잎드레싱을 곁들여보세요. 앞으로 셀러리 잎을 버리는 일은 없을 거예요.

시장에서 느낀
샐러드에 대한 생각

야채 박스를 만들어 판매해보고 싶어서 시장 조사 겸
새벽시장에 갔습니다. 가락시장을 안내해주시는 분께
야채를 찾는다고 말씀드리니 대파, 양파, 청양고추가
있는 가게로 절 데리고 가더라고요.
제가 "샐러드를 만들 거예요."라고 말씀드리니,
이번에는 수입 야채 코너로 가시는 게 아니겠어요.
그래서 "수입 야채는 잘 안 써요."라고 했어요.
안내해주시던 분이 의아해하며 "그럼 쌈 야채요?
샤브샤브용이요?" 하고 재차 물으시더라고요.
제가 찾는 샐러드 야채의 종류를 어떻게 설명해야 할지
모르겠더라구요. 고기에는 깻잎, 상추를 곁들어 먹고,
밥반찬을 만들 때는 대파, 양파, 청양고추를 넣듯
샐러드에는 양상추가 들어가는 게 당연하다고
생각하시더라고요.
하지만 제가 주로 사용하는 샐러드 재료들은
여느 샐러드 재료와는 조금 달라요.
저는 양배추, 당근, 브로콜리, 셀러리, 고구마, 호박,
토마토, 파프리카, 오이, 가지를 주재료로 하고요.

곁들이는 재료로 시금치, 참나물, 취나물, 깻잎순, 미나리,
봄동, 얼갈이 같은 제철 나물과 버섯류, 해조류를
사용하지요. 과일은 사과, 감, 참외를 자주 써요.
계란, 두부, 김, 견과류, 생들기름은
계절과 상관없이 사용하는 재료랍니다.

엄밀히 말하면 제가 만드는 샐러드는 레시피라고
할 것이 없어요. 신선한 야채를 매일 새로운 드레싱에
잘 버무려 먹는 게 전부거든요.
아무리 건강하고 좋은 식단이라도 먹는 즐거움이 없다면
지속하기 어려우니 다양한 재료와 스타일로
변화를 주며 즐기고 있는 거죠.

덕분에 늘 건강식을 대할 때마다 마음이 설레고,
눈과 입이 즐겁고, 몸도 마음도 좋아지는 걸 느낀답니다.

좋은 레시피란 무엇일까 곰곰이 생각한 적이 있어요.
제 생각엔

첫째, 쉽게 따라 할 수 있는
    난이도를 갖춰야 한다고 생각해요.
둘째, 체중 증감 효과가 있으면서 영양학적으로
    완성도가 있는 레시피여야 하고요.
셋째, 만성질환 예방 및 관리에 잠재적 효과가
    있는 좋은 재료를 사용해야 해요.

여러분도 어떤 레시피가
좋은 레시피일지 생각해보세요.
지금부터 전선생이 만드는 샐러드 비법을
알려드릴게요.

1. 샐러드 드레싱의 비법

단맛: 야채와 과일의 자연스러운 단맛을 활용합니다.
　　　인공 당분은 넣지 않아요.
짠맛: 약간의 소금과 후추를 사용하지만, 조미료가
　　　가미된 맛소금은 사용하지 않습니다.
신맛: 레몬즙 같은 신선한 재료를 사용해 미각을
　　　자극합니다.
기름: 냉압착 또는 저온 압착한 국내산 생들기름을
　　　사용합니다.

'단'은 과일과 야채가 가진 자연스러운 단맛을,
'짠'은 소금이 더해주는 깊은 감칠맛을,
'초'는 레몬즙이 선사하는 상큼한 신맛을,
'유'는 생들기름의 고소함과
부드러운 풍미, 윤기를 의미합니다.
'단짠초유'의 조화가 샐러드의 맛을 완성합니다.

2. 다양한 샐러드 조리법

기본 샐러드: 단짠초유 드레싱에 들깻가루나 견과류를 곁들여 즐깁니다.

온 샐러드: 야채에 물을 자작하게 부어 익히거나 찜으로 따뜻하게 먹습니다.

구운 샐러드: 계란프라이와 다양한 야채를 함께 구워냅니다.

스테이크 샐러드: 단단한 야채를 스테이크처럼 구워 먹습니다.

야채드레싱(야채버터) 샐러드: 야채와 견과류로 만든 고소한 드레싱을 곁들입니다.

3. 샐러드 재료의 궁합 비법

샐러드 한 끼에도 영양소가 골고루 들어가야 합니다. 예를 들어 두부나 콩이 없는 경우 계란이나 김을 추가합니다. 단단한 야채가 많다면 부드럽게 찌거나 소화에 도움 되는 방식으로 조리합니다.
저는 보통의 샐러드 레시피 형식에 얽매이지 않고 자유롭게 먹는 편입니다. 사과를 껍질째 채썰고, 셀러리 줄기는 어슷하게 썹니다.
파프리카도 채썰어 넣습니다. 소금, 후추, 레몬즙,

생들기름을 넣고 버무립니다.

견과류를 으깨서 토핑으로 얹으면 완성입니다.

셀러리 잎과 견과류, 생들기름을 갈아 만든

셀러리드레싱(셀러리버터)을 곁들여도 아주 좋습니다.

본문에 수록된 샐러드 레시피들을 훑어보시고,

마음에 드는 것을 골라 아침 샐러드로 만들어보세요.

갱년기의
장 건강과 면역력

아플 때일수록 잘 먹어야 한다. 이 말은 깊이 생각해볼
말이에요. 우리 몸의 면역세포 중 70%는 장에서 살아요.
장은 음식물을 소화하고 흡수하며 배출하기까지
많은 에너지를 사용하죠.
그래서 몸이 아플 때는 장을 쉬게 해주는 것이 중요해요.
입맛이 없을 때 억지로 먹으면 토하거나 설사를 하는
이유가 우리 몸이 스스로 회복하기 위해 음식물을
거부하기 때문이에요.
이럴 때는 맑은 물과 천연 수분(과일·야채)을 충분히
섭취해 몸속을 깨끗하게 정화하는 것이 좋아요.
한 끼에 너무 많은 음식을 섞어 먹는 것도 피해야 해요.
'골고루 잘 먹기'라는 말은 성장기 어린이나
청소년에게 맞는 말이에요. 성장기 아이들은 소화력이
좋아서 다양한 음식을 한꺼번에 섭취해도 불편함이
없지만, 나이가 들면 소화력이 떨어져 여러 음식을 섞어
먹는 게 부담이 될 수 있답니다. 특히 평소 소화력이
약하거나 몸에 염증이 있을 때는 소화하는 데 더 많은
에너지를 쓰기 때문에 주의해야 해요.

소화하기 힘든 음식은 무엇일까요?
'가공식품', '밀가루', '기름진 음식', 그리고 '가공육을
포함한 고기'예요. 동물성 단백질은 일반 음식에 비해
소화하는 데 2배 이상의 시간과 에너지를 써요.
하루 섭취량을 초과하는 단백질은 독성 노폐물의 형태로
몸에 남아 알레르기나 염증을 일으킬 수 있어요.
유난히 속이 더부룩하고 몸이 무겁다면 가공육과
고기 섭취량을 잠시 줄여보세요.
고기를 안 먹는다고 걱정하지 마세요.
단백질은 몸에서 그대로 흡수되지 않고, 소화 과정을
거쳐 아미노산으로 분해된 후 비로소 몸에 필요한
단백질로 재합성되죠. 그중 필수 아미노산은 우리 몸이
직접 만들 수 없어 음식으로 섭취해야 하는데요.
콩, 견과류, 야채와 같은 식품을 통해서도
충분히 보충할 수 있어요.

장 건강을 이야기할 때면 '유산균'을 먹어야 한다고
말하는 분이 많아요. 하지만 그보다 먼저 나쁜 습관을
멈추는 것이 더 중요하답니다.
그래야 우리 몸속에 자생하는 유익균들이 활동하기
편한 환경을 만들어줄 수 있어요. 항생제와 같은
약물은 꼭 필요한 경우에만 사용해야 해요.
항생제는 일시적으로 증상을 완화시킬 수 있지만,
자주 사용하면 면역세포의 기능을 둔화시키고

내성을 유발할 수 있답니다.
몸이 보내는 통증은 우리 몸의 회복을 위한 신호예요.
그 신호를 이해하고 불필요한 약물 사용을
줄이는 것이 중요해요.
몸보신한다고 많이 드시는 분이 계세요.
'잘 먹는다'라는 것은 단순히 많이 먹는 것이 아니에요.
몸이 힘들지 않은 음식을 올바른 방법과 순서로 적당히
섭취하는 것이에요. 우리 몸은 정말 지혜로워요.
우리가 어떤 음식을 먹고, 어떤 식으로 쉬어야 할지
이미 알고 있답니다. 여러분의 몸이 보내는 신호를 믿고,
스스로 식생활의 주체가 되어 올바른 선택을 해보세요.
작은 변화가 건강한 몸과 마음으로 이어질 거예요.

#2 　　　　　　　　살아 있는 효소로 해독하는
　　　　　　　　아침 샐러드

단짠초유 공식을 넣은 기본 샐러드입니다.

달콤, 짭쪼롬, 새콤, 윤기가 나는 '단짠초유'
과일야채샐러드

| 재료 |
사과 1/2개
노랑 파프리카 1/2개
주황 파프리카 1/2개
단감 1개

| 드레싱 |
레몬즙 2T
생들기름 2T
소금 2꼬집
후추 2꼬집

1. 사과, 단감, 노랑 파프리카, 주황 파프리카는 채썰어줍니다. 이때 사과는 껍질째 사용합니다.
2. 믹싱볼에 채썬 사과, 노랑 파프리카, 주황 파프리카, 단감, 드레싱 재료를 모두 넣고 버무려줍니다.

○ 톡톡 정보
- 단감 껍질은 떫은맛이 나니 꼭 껍질을 깎아서 쓰세요.
- 단감 대신 단감 1개 분량의 양배추를 사용해도 됩니다.

의사가 칭찬하는 TOP3 재료들

사과양배추견과류샐러드

사과, 양배추, 견과류는 의사가 섭취하라고 권장하는 대표적인 식품입니다.
건강식이라고 하면 대부분 맛이 없다고 생각하지만, 이는 재료를 단독으로 섭취하기 때문이 아닐까 싶어요.
간단한 조리법과 맛의 조합으로 건강식을 챙길 수 있는 방법을 소개할게요.

| 재료 |
사과 1개, 양배추 200g, 견과류 2줌
| 드레싱 |
청한라봉 1개, 생들기름 2T, 소금 2꼬집, 후추 2꼬집

1. 사과, 양배추는 얇게 채썰어줍니다. 이때 사과는 껍질째 사용합니다. 견과류는 잘게 부숴줍니다.
2. 믹서에 청한라봉 과육을 넣고 곱게 갈아줍니다.
3. 볼에 채썬 사과, 양배추 2줌, 곱게 간 청한라봉을 비롯한 나머지 드레싱 재료를 모두 넣고 버무려줍니다.
4. 그릇에 사과양배추샐러드를 담고 잘게 부순 견과류를 올려줍니다.

○ 톡톡 정보

청한라봉은 스퀴지로 즙을 짜서 사용해도 됩니다. 하지만 스퀴지를 사용할 시 청한라봉의 섬유질을 버리게 되니 가능한 믹서로 갈아서 드시는 걸 추천해요.

◆ 전선생 NOTE

계절에 따라 다양한 과일이 나오는 것이 참으로 신기하고 재미있어요. 사과도 품종에 따라 수확 시기가 다르다 보니 감홍사과로 만든 샐러드의 맛과 부사로 만든 샐러드의 맛이 다르더라고요. 이 레시피를 만들 때는 청한라봉이 제철이라 사용했지만, 키위가 제철이라면 키위를 써도 좋고, 포도가 풍성한 계절이라면 포도를 활용해도 됩니다.

청한라봉은 단짠초유 샐러드 공식 중 '초'에 해당해요. 일반적으로 초는 레몬즙을 사용하는데, 감귤이 풍성한 계절에는 감귤을, 유자가 있다면 유자를 써도 정말 좋습니다. 조금 긴가민가하더라도 천천히 따라 하면 자연스럽게 단짠초유 공식을 터득하고, 나만의 응용법도 생길 거예요. 어렵게 생각하지 말고 즐기면서 만들어보세요.

속은 든든히, 몸은 가볍게

병아리콩드레싱모듬샐러드

병아리콩드레싱은 어디에나 잘 어울리지만 야채 스틱만큼 잘 어울리는 단짝을 만나긴 힘들 거예요.
냉장고에 있는 알록달록한 색깔의 야채와 과일을 먹기 좋게 썰어 모듬샐러드를 만들어보세요.
아침에 먹는 샐러드가 하루의 수분 에너지를 가득 채워줄 거예요.

| 재료 |
셀러리 2대, 파프리카 1개, 단감 1개, 레몬즙 2T, 생들기름 2T
소금 1꼬집, 후추 1꼬집

| 드레싱 |
견과류 1줌, 삶은 병아리콩 5T, 삶은 콩물 2~3T, 레몬즙 2T, 생들기름 1T

1. 셀러리는 어슷하게 썰어줍니다. 파프리카는 채썰어줍니다. 단감은 껍질을 깎은 뒤 얇게 썰어줍니다.
2. 볼에 어슷하게 썬 셀러리, 채썬 파프리카, 얇게 썬 단감, 레몬즙, 생들기름, 소금, 후추를 넣고 버무려줍니다.
3. 믹서에 드레싱 재료를 모두 넣고 곱게 갈아줍니다.
4. 그릇에 모듬샐러드를 담고 드레싱을 올려줍니다.

향긋한 참나물이 달콤한 단감을 만나
입맛 돋우는 샐러드가 됐어요!

참신하다는 소리 들은 레시피
단감참나물샐러드

| 재료 |
참나물 1줌
단감 1/2개
레몬즙 2T
생들기름 2T
소금 약간
후추 약간

| 드레싱 |
단감 1/2개
견과류 1줌
생들기름 1T
소금 1꼬집
후추 1꼬집

1. 참나물은 물에 가볍게 헹군 뒤 먹기 좋게 썰어줍니다. 단감은 껍질을 깎은 뒤 먹기 좋게 썰어줍니다.
2. 볼에 먹기 좋게 썬 참나물, 단감, 레몬즙, 생들기름, 소금, 후추를 넣고 버무려줍니다.
3. 믹서에 드레싱 재료를 모두 넣고 곱게 갈아줍니다.
4. 그릇에 단감참나물샐러드를 담고 드레싱을 뿌려줍니다.

후루룩 마시던 콩물이
드레싱으로 재탄생했어요!
얼마나 맛있게요?

면이 아닌 샐러드에 곁들여 먹는
콩물셀러리샐러드

| 재료 |
셀러리 4대
사과 1/2개
노랑 파프리카 1/2개
생들기름 2T
레몬즙 2T
소금 2꼬집
후추 약간

| 드레싱 |
두부 200g
참깨 1T
물 200mL

1. 셀러리는 어슷하게 썰어줍니다. 사과는 껍질째 채썰어줍니다. 노랑 파프리카는 채썰어줍니다.
2. 볼에 어슷하게 썬 셀러리, 채썬 사과, 노랑 파프리카, 생들기름, 레몬즙, 소금, 후추를 넣고 버무려줍니다.
3. 믹서에 드레싱 재료를 모두 넣고 곱게 갈아줍니다.
4. 그릇에 셀러리샐러드를 담고 드레싱을 뿌려줍니다.

○ 톡톡 정보
드레싱 대신 시판용 콩물을 써도 됩니다.

삶은 계란을 곁들이면 훌륭한 한 끼가 되는

들깻가루오이샐러드

오이의 수분감과 들깨의 고소함이 만나 상쾌하면서도 영양이 가득한 한 접시를 완성할 수 있어요.
들깨는 탈피된 들깻가루를 사용해도 좋고, 껍질째 갈아낸 가루를 사용해도 괜찮습니다.
탈피된 들깻가루는 부드럽고 소화가 잘되며 풍미도 뛰어나 갱년기 여성분에게 추천하고 싶어요.

| 재료 |
오이 2개, 소금 1T, 들깻가루 2T, 참깨 1T, 생들기름 2T

1. 오이는 어슷하게 썰어줍니다.
2. 볼에 어슷하게 썬 오이, 소금을 넣고 10분간 절인 뒤 물기를 꼭 짜줍니다.
3. 볼에 절인 오이, 들깻가루, 참깨, 생들기름을 넣고 버무려줍니다.

◆ 전선생 NOTE

생들기름에는 식물성 오메가3가 풍부해 갱년기 여성들에게 중요한 뼈와 혈관 건강에 도움을 줄 수 있답니다. 생들기름을 꾸준히 사용하다 보니 원재료인 들깨를 통째로 섭취하면 더 좋겠다는 생각이 들었어요. 그때부터 통 들깨와 들깻가루를 샐러드에 곁들여 먹기 시작했는데, 그 맛이 오이와 찰떡같이 잘 어울린다는 것을 알게 되었죠.

저는 드레싱에 올리브오일 대신 생들기름을 사용합니다. 들깨를 고온에서 볶아 짜낸 기름은 우리가 흔히 사용하는 '들기름'이고, 저온이나 냉압착 방식으로 추출한 기름은 '생들기름'이라고 합니다. 들기름은 맛과 향이 강하고 고소하고, 생들기름은 깔끔하고 담백하면서도 영양소가 파괴되지 않는 것이 장점이에요.

세발나물청국장샐러드를
김에 싸서 먹어보세요.
감칠맛이 극대화된답니다.

산뜻한 나물 향과 깊은 감칠맛이 어우러진
세발나물청국장샐러드

| 재료 |
세발나물 1줌
청국장 2T
레몬즙 2T
생들기름 1T
참깨 1T

1. 세발나물은 미지근한 물에 깨끗하게 씻어 준 뒤 먹기 좋게 썰어줍니다.
2. 볼에 먹기 좋게 썬 세발나물, 청국장, 레몬즙, 생들기름을 넣고 버무려줍니다.
3. 그릇에 세발나물청국장샐러드를 담고 참깨를 으깨서 뿌려줍니다.

○ 톡톡 정보
미지근한 물에 세발나물을 씻으면 염분이 잘 빠지고 아삭한 식감을 유지할 수 있어요.

어린 새싹의 여린 질감과
단감의 부드러움이 조화로운
선상식이에요.

몸과 마음에 스며드는 싱그러움
새싹단감샐러드

| 재료 |
단감 1개
새싹 1줌
견과류 적당량

| 드레싱 |
레몬즙 2T
생들기름 1T
소금 2꼬집
후추 2꼬집

1. 단감은 껍질을 깎은 뒤 채썰어줍니다. 새싹은 물에 담가 가볍게 씻어줍니다. 견과류는 잘게 부숴줍니다.
2. 볼에 채썬 단감, 새싹, 드레싱 재료를 모두 넣고 살살 버무려줍니다.
3. 그릇에 새싹단감샐러드를 담고 부순 견과류를 올려줍니다.

○ 톡톡 정보

새싹 외에 참나물, 취나물, 세발나물 등 다양한 채소를 곁들여도 좋아요.

부족한 에너지를 채우는 야채 스테이크

양배추홍초스테이크샐러드

어느 날 아침에 일어나니 기운이 너무 없는 거예요. 입맛은 없는데 뭔가는 먹어야 살 것 같을 때
만들었던 샐러드입니다. 드레싱에 홍초를 넣었냐고요? 아니에요. 양배추에 홍초를 넣고 익혔어요.
그러면 홍초가 양배추 깊숙이 스며들어 씹을 때마다 상큼함이 톡톡 터지더라고요.
양배추에 넣어 익혀 먹기 조심스럽다면 드레싱을 만들 때 넣고 뿌려 드세요.
그것만으로도 입맛은 돋우면서 배는 든든히 채우는 맛있는 샐러드가 완성된답니다.

| 재료 |
양배추 300g, 브로콜리 1/2개, 당근 1/2개, 올리브오일 적당량, 소금 2꼬집, 후추 2꼬집, 홍초 50mL, 생들기름 2T, 계란 2개, 삶은 병아리콩 약간, 마늘 플레이크 약간

| 드레싱 |
레몬즙 1T, 생들기름 1T, 소금 1꼬집, 후추 1꼬집

1. 양배추는 약 3cm 정도 두껍게 썰어줍니다. 브로콜리는 먹기 좋게 썰어줍니다. 당근은 어슷하게 썰어줍니다.
2. 찜기에 먹기 좋게 썬 브로콜리, 어슷하게 썬 당근을 넣고 7분간 쪄줍니다.
3. 달군 팬에 올리브오일을 두른 뒤 두껍게 썬 양배추를 넣고 소금, 후추를 뿌려줍니다. 양배추를 앞뒤로 노릇노릇하게 구워줍니다.
4. 노릇하게 구운 양배추에 홍초를 뿌려 넣고 지글지글 끓여줍니다.
5. 양배추 옆에 계란프라이를 해줍니다.
6. 양배추가 익으면 불을 끄고 생들기름을 뿌려줍니다.
7. 볼에 드레싱 재료를 모두 넣고 잘 섞어줍니다.
8. 접시에 구운 양배추, 찐 브로콜리, 당근, 계란프라이를 담고 드레싱을 뿌린 뒤 삶은 병아리콩, 마늘 플레이크를 올려줍니다.

콜라비가 맛있을 때
무조건 한 번은 만들어 먹어야 할
샐러드!

태국 국민 음식 쏨땀 스타일
당근콜라비샐러드

| 재료 |
당근 1/3개
콜라비 1/2개
견과류 1줌
마스코바도 1T

| 드레싱 |
빨강 파프리카 1/2개
레몬즙 2T
까나리액젓 2T

1. 당근, 콜라비는 껍질을 벗기고 채썰어줍니다. 빨강 파프리카는 먹기 좋게 썰어줍니다. 견과류는 잘게 부숴줍니다.
2. 믹서에 먹기 좋게 썬 빨강 파프리카를 비롯한 나머지 드레싱 재료를 모두 넣고 곱게 갈아줍니다.
3. 볼에 채썬 당근, 콜라비, 드레싱을 넣고 빠득빠득 버무려 간이 잘 배게 해줍니다.
4. 그릇에 당근콜라비샐러드를 담고 잘게 부순 견과류를 올려줍니다.

자연의 단맛이 극대화되는
봄동토마토온샐러드

토마토와 계란은 맛으로 보나 영양으로 보나 최고의 궁합이에요. 여기에 봄동을 추가하면 '환상의 궁합'이 됩니다.

| 재료 |

봄동 1/2개
토마토 1개
올리브오일 적당량
계란 2개
소금 약간
생들기름 2T
레몬즙 2T
후추 약간

1. 봄동, 토마토는 먹기 좋게 썰어줍니다.
2. 달군 팬에 올리브오일을 두른 뒤 계란프라이를 해줍니다.
3. 달군 팬에 올리브오일을 두른 뒤 먹기 좋게 썬 봄동, 소금을 넣고 볶다가 먹기 좋게 썬 토마토를 넣고 앞뒤로 구워줍니다.
4. 토마토가 익으면 불을 끄고 생들기름, 레몬즙, 소금, 후추를 넣어줍니다.

뿌리를 씹을수록 나오는
진한 포항초의 단맛을
꼭 느껴보세요!

신선함을 구운 풍미 한 그릇
포항초당근토마토구운샐러드

| 재료 |

포항초 1/2단
당근 1개
토마토 1개
올리브오일 적당량
다진 마늘 0.5T
라임즙 2T
소금 3꼬집
후추 3꼬집
생들기름 3T

1. 포항초는 잔뿌리만 제거하고 깨끗하게 씻은 뒤 열십자(+) 모양으로 잘라줍니다. 당근은 어슷하게 썰어줍니다. 토마토는 반달썰기해줍니다.

2. 달군 팬에 올리브오일을 두른 뒤 어슷하게 썬 당근, 다진 마늘을 넣고 볶다가 반달썰기한 토마토를 넣고 노릇해질 때까지 볶아줍니다.

3. 포항초, 라임즙, 소금, 후추를 넣고 포항초의 숨이 죽을 때까지 볶아줍니다.

4. 불을 끄고 생들기름을 뿌려줍니다.

토마토, 두부, 김,
느타리버섯으로
필수 단백질을 알차게 챙긴
샐러드예요.

상큼함을 챙긴 든든한 맛
토마토김두부샐러드

| 재료 |
두부 100g
토마토 2개
느타리버섯 1줌
올리브오일 적당량
셀러리 잎 1줌
레몬즙 2T
소금 3꼬집
후추 3꼬집
생들기름 2T
김밥용 김 2장

1. 두부는 먹기 좋게 자른 뒤 소창 행주로 물기를 빼줍니다. 토마토는 4등분해줍니다. 느타리버섯은 먹기 좋게 찢어줍니다.
2. 달군 팬에 올리브오일을 두른 뒤 물기 뺀 두부를 넣고 앞뒤로 노릇하게 구워줍니다.
3. 4등분한 토마토를 넣고 적당히 구워준 뒤 먹기 좋게 찢은 느타리버섯, 셀러리 잎, 레몬즙, 소금, 후추를 넣고 뚜껑을 닫아 익혀줍니다.
4. 불을 끄고 생들기름을 뿌린 뒤 김밥용 김을 찢어 올리고 국물을 끼얹어줍니다.

067

포근한 계란찜처럼
한 수저 크게 떠서 먹는
샐러드.

촉촉한 야채 샤브샤브 같은
계란찜샐러드

| 재료 |
양배추 200g
토마토 1개
브로콜리 1/2개
마늘종 1~2대
물 50mL
계란 2개
레몬즙 2T
생들기름 3T
소금 약간
후추 약간

1. 양배추는 얇게 채썰어줍니다. 토마토, 브로콜리, 마늘종은 먹기 좋게 썰어줍니다.
2. 달군 팬에 채썬 양배추 2줌, 먹기 좋게 썬 토마토, 브로콜리, 마늘종, 물을 넣고 한 소끔 끓인 뒤 약불에서 5분간 더 끓여줍니다.
3. 계란물을 넣고 뚜껑을 닫은 뒤 3~4분간 끓여줍니다.
4. 불을 끄고 레몬즙, 생들기름, 소금, 후추를 뿌려줍니다.

칵테일새우가 아닌 생새우를
쓴다면 살짝 데쳐 쓰거나
잘 익혀주세요.

따뜻하면서 산뜻한
새우온샐러드

| 재료 |
칵테일새우 2줌
양배추 200g
토마토 2개
부추 1/2줌
브로콜리 1/2개
물 150mL

| 밑간 |
밥새우 2T
흑임자가루 1T
레몬즙 3T
생들기름 3T
소금 3꼬집
후추 3꼬집

1. 칵테일새우는 물에 담가 가볍게 씻어줍니다. 양배추는 채썰어줍니다. 토마토, 부추, 브로콜리는 먹기 좋게 썰어줍니다.
2. 깊은 팬에 채썬 양배추 2줌, 먹기 좋게 썬 토마토, 부추, 브로콜리 2줌, 칵테일새우, 물을 넣습니다.
3. 물이 끓으면 약불에서 8분간 뭉근하게 더 익혀줍니다.
4. 불을 끄고 밑간 재료를 모두 뿌려줍니다.

○ 톡톡 정보
흑임자가루가 없다면 생략해도 되고 들깻가루로 대체해도 됩니다.

멸치육수로 야채를 익힌
따뜻하고 상큼한 샐러드.

시원한 국물이 포인트인
브로콜리온샐러드

| 재료 |

브로콜리 1개
방울토마토 2줌
양파 1/2개
깻잎 10장
멸치육수 4국자
레몬즙 2T
소금 2꼬집
후추 2꼬집
생들기름 2T
참깨 적당량

1. 브로콜리는 먹기 좋게 썰어줍니다. 방울토마토는 2등분해줍니다. 양파는 얇게 썰어줍니다. 깻잎은 꼭지를 자르고 채썰어줍니다.
2. 달군 팬에 먹기 좋게 썬 브로콜리, 2등분한 방울토마토, 얇게 썬 양파, 멸치육수를 넣고 한소끔 끓여줍니다.
3. 야채의 숨이 죽으면 채썬 깻잎, 레몬즙, 소금, 후추를 넣고 섞어줍니다.
4. 불을 끄고 생들기름을 뿌린 뒤 섞어줍니다.
5. 그릇에 샐러드를 담고 참깨를 으깨서 뿌려줍니다.

○ 톡톡 정보
멸치육수 대신 물 4국자를 넣고 끓여도 좋아요.

제철 생강으로 초절임을 만들고 컨디션이 나쁠 때 꺼내 드세요.

환절기 감기 기운이 오면
생강초절임샐러드

| 재료 |
양배추 300g
사과 1/2개
부추 50g
견과류 1줌
생강초절임 약간

| 드레싱 |
밥새우 2T
들깨 2T
생강초절임 국물 6T
생들기름 2T
소금 2꼬집

1. 양배추, 사과는 채썰어줍니다. 이때 사과는 껍질째 사용합니다. 부추는 먹기 좋게 썰어줍니다. 견과류는 잘게 부숴줍니다.
2. 볼에 채썬 양배추, 사과, 먹기 좋게 썬 부추, 드레싱 재료를 모두 넣고 버무려줍니다.
3. 그릇에 생강초절임샐러드를 담고 잘게 부순 견과류를 뿌린 뒤 생강초절임을 올려줍니다.

○ 톡톡 정보
밥새우, 들깨는 생략 가능하며 생강초절임 대신 레몬즙을 써도 됩니다.

071

여름에만 맛볼 수 있는
청량감 가득한 여름 샐러드.

자연이 준 천연 수분
오이참외샐러드

| 재료 |
오이 2개
참외 1개
소금 1T
들깻가루 3T
생들기름 3T
깨 적당량

1. 오이는 껍질을 벗기고 세로로 2등분한 뒤 어슷하게 썰어줍니다. 참외는 껍질을 깎고 반으로 잘라 씨를 파낸 뒤 반달썰기해줍니다.
2. 볼에 어슷하게 썬 오이, 소금을 넣고 10분 이상 절인 뒤 물기를 꼭 짜줍니다.
3. 믹싱볼에 절인 오이, 반달썰기한 참외, 들깻가루, 생들기름, 깨를 넣고 버무려줍니다.

은은한 들깨 향 속에
아삭아삭 씹히는 샐러드.

고소한 맛이 일품인
과일야채들깨샐러드

| 재료 |
사과 1/2개
파프리카 1/2개
오이 1/2개
셀러리 2대
레몬즙 2T
생들기름 3T
소금 2꼬집
후추 2꼬집
들깻가루 2T

1. 사과, 파프리카는 얇게 채썰어줍니다. 이 때 사과는 껍질째 사용합니다. 오이는 껍질을 벗긴 뒤 어슷하게 썰어줍니다. 셀러리는 어슷하게 썰어줍니다.

2. 볼에 채썬 사과, 파프리카, 어슷하게 썬 오이, 셀러리, 레몬즙, 생들기름, 소금, 후추를 넣고 잘 버무린 뒤 들깻가루 넣고 한 번 더 버무려줍니다.

밭에서 나는 소고기 한 근

눈개승마샐러드

봄의 활력을 담은 제철 나물과 사과를 조합해 만든 샐러드 레시피를 소개할게요.
쌉싸름한 눈개승마와 명이나물, 아삭한 사과의 단맛은 청량한 맛을 내는 재료예요.
눈개승마의 식물성 에스트로겐은 호르몬 균형에 도움을 주고, 셀러리의 항산화 성분은 혈압을
안정시켜준답니다. 사과의 식이섬유는 장 건강을, 명이나물의 풍부한 비타민은 피로 회복을 도와줘요.
한 입 먹을 때마다 봄날의 싱그러움이 온몸에 퍼지는 걸 느낄 거예요.

| 재료 |
사과 1/2개, 명이나물 3~4잎, 셀러리 1대, 견과류 1줌, 눈개승마 4~5줄기
물 적당량, 소금 약간

| 드레싱 |
레몬즙 1T, 생들기름 2T, 소금 2꼬집, 후추 2꼬집

| 양념 |
통 들깨 약간, 까나리액젓 1T, 생들기름 2T

1. 사과, 명이나물은 채썰어줍니다. 이때 사과는 껍질째 사용합니다. 셀러리는 어슷하게 썰어줍니다. 견과류는 잘게 부숴줍니다. 눈개승마는 시든 잎을 떼어내고 깨끗하게 씻어줍니다.
2. 믹싱볼에 채썬 사과, 명이나물, 어슷하게 썬 셀러리, 드레싱 재료를 모두 넣고 버무려줍니다.
3. 냄비에 물을 넣고 한소끔 끓입니다. 물이 끓으면 소금, 눈개승마 줄기를 넣고 데친 뒤 눈개승마 잎을 넣고 살짝 데쳐줍니다.
4. 데친 눈개승마를 찬물에 헹군 뒤 물기를 꼭 짜줍니다.
5. 믹싱볼에 데친 눈개승마, 양념 재료를 모두 넣고 버무려줍니다.
6. 그릇에 샐러드, 눈개승마를 담고 잘게 부순 견과류를 뿌려줍니다.

고소한 기름이 터져 나오는

열빙어부추온샐러드

노릇노릇하게 구워낸 열빙어는 담백한 맛이 일품이에요.
거기에 향긋한 부추, 아삭한 양배추, 셀러리, 달콤한 당근을 쪄서 먹으면 맛있어요.
열빙어는 따로 양념이 필요하지 않아요. 간장 양념이 은은하게 스며든 야채와 열빙어를 함께 먹으면
간은 충분하거든요. 열빙어에는 칼슘이 가득하고, 부추에는 비타민K가 포함되어 있어요.
이 영양소들은 갱년기 여성의 뼈 건강을 지키는 데 도움을 준다고 해요.
'열빙어 도리뱅뱅' 레시피에서 벗어나 맛있는 한 끼를 만들어보세요.

| 재료 |

열빙어 5마리, 부추 2줌, 양배추 200g, 셀러리 2대, 당근 1/2개, 올리브오일 약간
레몬즙 1T, 후추 3꼬집, 생강초절임 약간

| 양념 |

물 100mL, 간장 3T, 식초 1T, 매실청 1T

1. 열빙어는 소창 행주로 물기를 닦아줍니다. 양배추는 채썰어 줍니다. 부추는 먹기 좋게 썰어줍니다. 셀러리는 어슷하게 썰어줍니다. 당근은 얇게 썰어줍니다.
2. 달군 팬에 올리브오일을 두른 뒤 열빙어를 앞뒤로 노릇하게 구워줍니다.
3. 볼에 양념 재료를 모두 넣고 잘 섞어줍니다.
4. 달군 팬에 양배추 2줌, 먹기 좋게 썬 부추, 어슷하게 썬 셀러리, 얇게 썬 당근을 올리고 양념을 부은 뒤 뚜껑을 덮고 강불에서 끓여줍니다. 양념이 끓어오르면 약불에서 3~4분간 졸여줍니다.
5. 그릇에 양념에 졸인 야채를 담고 구운 열빙어를 올린 뒤 레몬즙, 후추를 뿌리고 생강초절임을 곁들여줍니다.

쫄깃쫄깃 씹히는 식감의 소유자

버섯스테이크샐러드

은은하게 구워낸 새송이와 느타리버섯의 진한 풍미, 아삭한 브로콜리의 생명력,
달콤한 단호박의 부드러움이 한 접시에 어우러진 샐러드예요.
버섯을 구우면 특유의 깊은 감칠맛과 풍미가 깊어져 비싼 식재료로 만든 메뉴가 부럽지 않답니다.
버섯에 들어 있는 풍부한 비타민D는 갱년기 여성의 뼈 건강을 지켜줘요.
브로콜리의 항산화 성분도 갱년기 증상 완화에 좋답니다.
건강도 챙기고 만족감도 높은 이 샐러드를 식탁에 올려보세요.

| 재료 |
새송이버섯 2개, 느타리버섯 1줌, 마늘종 1~2대, 브로콜리 1개,
단호박칩 1/4개, 올리브오일, 레몬즙 2T, 소금 2~3꼬집, 후추 약간,
생들기름 1T, 파슬리가루 약간

1. 새송이버섯은 세로로 길게 2등분하고 안쪽을 격자무늬로 칼집내줍니다. 느타리버섯은 먹기 좋게 찢어줍니다. 마늘종, 브로콜리는 먹기 좋게 썰어줍니다. 단호박은 씨를 긁어내고 얇게 썰어줍니다.
2. 달군 팬에 새송이버섯의 칼집낸 부분이 바닥을 향하게 놓고 노릇하게 구워준 뒤 먹기 좋게 찢은 느타리버섯을 넣고 익혀줍니다.
3. 달군 팬에 올리브오일을 두른 뒤 먹기 좋게 썬 마늘종 1줌, 브로콜리 2줌, 얇게 썬 단호박을 넣고 익혀줍니다.
4. 야채가 익으면 레몬즙, 소금을 넣고 섞은 뒤 불을 끄고 후추를 뿌려줍니다.
5. 그릇에 버섯스테이크샐러드를 담고 생들기름, 파슬리가루를 뿌려줍니다.

무더운 여름,
건강과 미각을 동시에
만족시키는 특별한
한 접시.

아삭아삭 청량함에 이색 드레싱 한 스푼 추가
셀러리참외샐러드

| 재료 |
참외 1개
셀러리 2대

| 드레싱 |
견과류 1줌
통 들깨 1줌
삶은 계란 2개
레몬즙 3T
생들기름 3T
소금 3꼬집
후추 3꼬집

1. 참외는 반으로 잘라 씨를 긁어내고 반달썰기해줍니다. 셀러리는 어슷하게 썰어줍니다.
2. 믹서에 견과류, 통 들깨를 넣고 곱게 갈아준 뒤 나머지 드레싱 재료를 모두 넣고 한 번 더 곱게 갈아줍니다.
3. 볼에 반달썰기한 참외, 어슷하게 썬 셀러리, 드레싱을 넣고 버무려줍니다.

중금속 배출에
탁월한 바다의 보물.

해풍이 전하는 싱그러운 맛
해초샐러드

| 재료 |
모듬 해초 2봉지
양파(소) 1/2개
파프리카 1/2개
오이 1개
자숙새우 2줌

| 드레싱 |
다진 마늘 0.5T
통 들깨 1줌
간장 2T
식초 3T
생들기름 3T
매실청 2T
후추 3꼬집

1. 모듬 해초는 물에 담가 10분 이상 불려줍니다.
2. 양파, 파프리카는 얇게 채썰어줍니다. 오이는 필러로 얇게 썰어줍니다.
3. 끓는 물에 자숙새우를 넣고 살짝 데쳐줍니다.
4. 믹싱볼에 채썬 양파, 파프리카, 얇게 썬 오이, 데친 자숙새우, 불린 모듬 해초, 드레싱 재료를 모두 넣고 버무려줍니다.

갱년기, 습관을 바꾸니 시작된 놀라운 변화

갱년기가 온 이후 피부에 열이 오르고 부풀었다
가라앉기를 반복하더니 '화폐상 건선'이 몸 여기저기
생겼습니다. 화폐상 건선은 건선의 일종으로 피부에
동전 모양(화폐 모양)의 원형 또는 타원형의 병변이 생
기는 것을 말합니다. 대표적인 증상으로는 병변 부위가
붉게 변하고, 비늘처럼 각질이 생기고, 가려움증과
통증을 동반하기도 합니다. 저도 밤에는 잠을 제대로
이루지 못할 정도로 몸이 매우 가려웠어요.
피부가 뒤집어지는 증상 외에 원인 모를 두통과 구토도
동반되었습니다. 몸 곳곳이 쑤시고 아파서
'혹시 암인가?' 하는 두려움까지 생겼습니다.
이대로 가만히 있다가는 정말 큰일(?)을 치르겠다는
생각이 들었어요.
그래서 식단 먼저 바꿔보자고 마음먹었습니다.
식단을 바꾸기로 한 아침,
모닝 커피(그땐 빈 속에 커피를 마셨어요)를 마시며
'뭘 먹어야 할까?' 고민하다가 지인이 가져다준
청국장이 떠올랐습니다.

사실 저는 청국장을 좋아하지 않았어요.
끈적한 국물이 제 입맛에 맞지 않았거든요.
그런데 그날따라 지인이 준 청국장 한 귀퉁이를 손으로
잘라 먹어보니 너무 맛있는 겁니다.
짜지도 않고, 고춧가루도 없고,
게다가 고소하기까지 하더라고요.
이때부터 청국장을 간식처럼 먹게 됐습니다.
김에 싸 먹고 샐러드에 뿌려 먹으며 즐겼죠.
알고 보니 지인이 준 청국장은 간이 되어 있지 않은
'생 청국장'이었습니다. 저는 그전까지 고춧가루와
양념이 들어간 짠 청국장만 먹어봤던 터라
본연의 맛을 몰랐던 거죠.
생 청국장 맛에 매료된 저는 청국장을
직접 만들어보기로 했어요. 집에 있던 서리태를 씻고
불리고 삶는 과정부터 말이지요.
콩 삶은 물은 달달해서 음료처럼 마시기 좋고,
삶은 콩은 수분이 날아갈 때까지 볶았더니
심심한 입을 채워주는 건강 간식이 되더라고요.
이처럼 좋은 재료를 가지고 또
어떤 레시피를 만들 수 있을까 고민을 했습니다.
그때 '레오(저의 자식 같은 반려견입니다)'의 간식인
고구마가 눈에 들어왔습니다.
고구마의 착한 탄수화물과 서리태의 단백질이
조화로울 것 같아 삶은 콩과 고구마를
믹서에 갈아보았어요. 거기에 물을 조금 더 넣고,

냄비에 살짝 데웠더니 세상에!
너무나 맛있는 수프가 완성되었지 뭐예요.
전선생의 시그니처 레시피인
'고구마두부수프'가 탄생한 순간이었어요.
서리태를 다 먹고 나니 청국장을 만들 다른 재료가
필요했어요. 그때 두부가 떠올랐어요.
두부도 콩으로 만들어졌으니 영양학적으로 비슷하다는
생각이 들었거든요. 시험 삼아 두부로 수프도
만들어봤는데 정말 너무 맛있어서 매일 먹었어요.
그리곤 어느 날부터는 몸이 가벼워지는 것을

느꼈습니다. 고구마두부수프를 먹기 전
제 아침 식사는 모닝 커피와 샌드위치뿐이었습니다.
하지만 그렇게 먹고 나면 금세 허기가 져서
달콤한 음식을 찾게 되었죠.
고구마두부수프를 먹으면서부터는
커피와 빵을 끊게 되었어요. 아침에 정제 탄수화물을
섭취하지 않으니 염증 수치가 낮아졌고,
커피를 마시지 않으니 체내 수분을 고갈시키는
이뇨작용도 줄어 건선도 완화되더라고요.
의지만으로 습관처럼 먹던 식단을 바꾸는 건 쉽지
않아요. 하지만 고구마두부수프는 제 입맛에 잘 맞았고,
속이 든든해지니 군것질이 줄더라고요.
자연스레 점심도 덜 자극적인 음식을 먹게 되니 식단을
지속할 수 있었고요.
게다가 몸의 변화(몸무게 12kg 감량)까지 경험하게 되니
의식하지 않아도 자연스럽게 습관이 되더라고요.
몇 달 동안은 고구마두부수프에 푹 빠져서 만나는
사람마다 이 레시피를 알려줬어요.
제가 운영하는 온라인 쇼핑몰이나 SNS에도 여러 차례
레시피를 올린 적이 있었지요. 사람들의 반응도
좋았어요. 저는 신이 나서 '나이야 가라!'라고
수프 이름까지 지어주었어요.
절망 끝에서 만난 이 수프는 전선생 레시피의
시작점이 되었답니다.

수프를 만들 때는 이 3가지를 기억하세요.

1. 야채 1~2가지, 콩 또는 두부를 주재료로 사용한다.
2. 버터, 치즈, 우유 같은 유제품은 넣지 않는다.
3. 따뜻하게 먹으며 기호에 따라 소금 간을 하거나
견과류를 올려준다.

지금도 다양한 버전의 두부수프를 만들어보고 있는데요,
이 레시피를 넘어서는 건 없더라고요.
이 음식은 제 삶 전체에 놀라운 변화를 가져다준
특별한 발견이었습니다.

#3 혈당 스파이크 없는
든든한 수프

건강을 되찾고
인생의 터닝 포인트가
되어준 전선생의
시그니처 수프.

12kg을 빼게 해준
고구마두부수프

| 재료 |
견과류 1줌
두부 150g
삶은 고구마 1개
물 2컵
소금 1~2꼬집

1. 견과류는 잘게 부숴줍니다.
2. 믹서에 두부, 삶은 고구마, 물을 넣고 곱게 갈아줍니다.
3. 냄비에 곱게 간 수프, 소금을 넣고 한소끔 끓여줍니다.
4. 그릇에 수프를 담고 잘게 부순 견과류를 올려줍니다.

○ 톡톡 정보

취향에 따라 물의 양을 가감하여 수프 농도를 맞춰주세요. 저는 고구마와 두부를 합친 양만큼 물을 넣으면 괜찮더라고요.

영양제보다 먼저 챙기고 자주 먹어야 할

브로콜리고구마두부수프

대표적인 항암 식품으로 알려진 브로콜리.
어떻게 하면 맛있게 먹을 수 있을까요? 데친 브로콜리를 초고추장에 찍어 먹는 방법에서 벗어나
식재료 본연의 맛과 영양을 살리는 레시피를 찾고 싶었어요.
왜냐면 제게는 초고추장의 강한 단맛이 브로콜리 고유의 풍미를 가려서 싫더라고요.
그래서 부드럽고 영양 가득한 고구마두부수프에 브로콜리를 넣어봤습니다.
이 메뉴는 언제 먹어도 만족스러운 선택이 될 거예요!

| 재료 |
브로콜리 1/2송이, 고구마 120g, 견과류 1줌, 두부 120g, 물 200mL

1. 브로콜리, 고구마는 먹기 좋게 썰어줍니다. 견과류는 잘게 부숴줍니다.
2. 찜기에 먹기 좋게 썬 브로콜리, 고구마를 넣고 7분간 쪄줍니다.
3. 믹서에 찐 브로콜리, 고구마, 두부, 물을 넣고 곱게 갈아줍니다.
4. 냄비에 곱게 간 수프를 넣고 한소끔 끓여줍니다.
5. 그릇에 브로콜리고구마두부수프를 담고 잘게 부순 견과류를 올려줍니다.

○ **톡톡 정보**
- 두부에 간이 되어 있어서 소금을 추가하지 않았어요. 입맛에 따라 소금을 추가하세요.
- 고구마를 삶아서 냉동했다가 하루 전에 상온에 꺼내놓으면 샐러드나 수프에 요긴하게 쓸 수 있어요. 생고구마를 써야 한다면 작게 깍둑썰기하거나 얇게 썰어 브로콜리와 같이 쪄주면 빠르게 익힐 수 있어요.
- 견과류와 같이 마늘 플레이크를 잘게 빻아 넣어도 좋아요. 그러면 고급 음식점에서 판매하는 수프처럼 향과 맛이 더 풍성해져요. 양파 플레이크는 고구마보다 감자와 잘 어울려요. 입맛에 맞는 재료를 선택해보세요.

엄마에게 다시 갱년기가
온다면 꼭 해 드리고 싶은
한 그릇.

갱년기 호르몬 밸런스를 도와주는
블랙수프

| 재료 |
서리태 100g
고구마 1개
두부 150g
물 200mL
소금 약간

1. 서리태는 물에 담가 반나절 이상 불려줍니다.
2. 고구마는 먹기 좋게 썰어줍니다.
3. 냄비에 불린 서리태, 물을 넣고 삶아줍니다.
4. 찜기에 먹기 좋게 썬 고구마를 넣고 쪄줍니다.
5. 믹서에 삶은 서리태 4T, 찐 고구마, 두부, 물을 넣고 곱게 갈아줍니다.
6. 냄비에 곱게 간 수프, 소금을 넣고 한소끔 끓여줍니다.

두부의 부드러움과
버섯의 감칠맛으로 완성된
속 편한 영양식.

은은한 향과 맛으로 몸과 마음을 녹이는 시간
버섯두부수프

| 재료 |

새송이버섯 1개
팽이버섯 1개
느타리버섯 1줌
견과류 1줌
두부 200g
물 100mL
레몬즙 2T
생들기름 2T
소금 약간
후추 약간

1. 새송이버섯, 팽이버섯, 느타리버섯을 먹기 좋게 썰어줍니다. 견과류는 잘게 부숴줍니다.
2. 달군 팬에 먹기 좋게 썬 버섯을 모두 넣고 즙이 나올 때까지 볶아줍니다.
3. 두부, 물을 넣고 한소끔 끓여줍니다.
4. 불을 끄고 레몬즙, 생들기름, 소금, 후추를 넣고 잘 섞어줍니다.
5. 믹서에 수프를 넣고 곱게 갈아줍니다.
6. 그릇에 버섯두부수프를 담고 잘게 부순 견과류를 올려줍니다.

쑥 향이 어우러진 따뜻하고 포근한 수프

병아리콩고구마두부수프

진한 땅콩버터에 으깬 고구마를 넣은 듯한 묵직한 질감의 수프입니다.
한입 머금는 순간, 부드럽게 퍼지는 고구마의 달큰함이 마음을 녹이고,
고소하게 갈린 병아리콩은 깊은 풍미를 느끼게 해줘요. 여기에 두부가 더해져 든든한 포만감을 주고,
쑥소금의 은은한 향이 마지막을 정리하며 고요한 여운을 남깁니다.
속이 편안해지는 이 한 그릇, 내 이야기를 잘 들어주는 친구처럼 자주 만나고 싶어질 거예요.

| 재료 |
병아리콩 100g, 고구마 1개, 두부 200g, 물 200mL, 쑥소금 2꼬집

1. 병아리콩은 물에 담가 반나절 이상 불려줍니다.
2. 고구마는 껍질째 깨끗하게 씻은 뒤 먹기 좋게 잘라줍니다.
3. 냄비에 불린 병아리콩, 적당량의 물을 넣고 1시간 이상 끓인 뒤 불을 꺼줍니다.
4. 찜기에 먹기 좋게 썬 고구마를 넣고 7분간 쪄줍니다.
5. 찐 고구마 중 1/2개는 토핑용으로 잘게 썰어줍니다.
6. 믹서에 찐 고구마 1/2개, 두부, 삶은 병아리콩, 물을 넣고 곱게 갈아줍니다.
7. 냄비에 곱게 간 수프, 잘게 썬 찐 고구마, 쑥소금을 넣고 저어가며 한소끔 끓인 뒤 불을 꺼줍니다.
8. 그릇에 병아리콩고구마두부수프를 담고 쑥소금을 뿌려줍니다.

◆ 쑥소금 만드는 법
① 쑥은 시든 잎을 떼어내고 가볍게 씻어줍니다.
② 믹서에 쑥, 굵은 소금을 넣고 곱게 갈아줍니다.
③ 달군 팬에 곱게 간 쑥소금을 넣고 약불에서 굽듯 덖어줍니다. 180℃로 예열한 오븐에 넣고 10분간 구워도 됩니다.
④ 넓은 그릇에 덖은 쑥소금을 펼쳐 놓고 상온에서 반나절 이상 말려줍니다.
⑤ 믹서에 완전히 마른 쑥소금을 넣고 곱게 갈아줍니다.

○ 톡톡 정보
봄에 향긋한 쑥이 보이면 쑥소금을 많이 만들어두고 냉동실에 보관하여 필요할 때마다 꺼내 쓰세요.

심봉사도 한 입 먹으면
번쩍 눈을 뜰 맛과 건강함.

노안이 시작된 사람을 위한 영양
당근고구마두부수프

| 재료 |
당근 1/2개
고구마 1/2개
두부 100g
물 200mL
양파 플레이크 약간

1. 당근, 고구마는 먹기 좋게 썰어줍니다.
2. 찜기에 먹기 좋게 썬 당근, 고구마를 넣고 푹 익을 때까지 쪄줍니다.
3. 믹서에 찐 당근, 고구마, 두부, 물을 넣고 곱게 갈아줍니다.
4. 냄비에 곱게 간 수프를 넣고 한소끔 끓여줍니다.
5. 그릇에 당근고구마두부수프를 담고 양파 플레이크를 올려줍니다.

○ **톡톡 정보**
양파 플레이크가 없으면 생략해도 되고, 견과류로 대체해도 됩니다.

골다공증,
근력 감소가 염려될 때
한 그릇 뚝딱!

자고 일어나면 빠져 있는 근육 1g이 아쉬울 때

양송이두부수프

| 재료 |
양송이 6~8개
두부 200g
견과류 1줌
물 200mL
소금 약간

1. 양송이를 흐르는 물에 가볍게 씻은 뒤 얇게 썰어줍니다.
2. 달군 팬에 얇게 썬 양송이를 넣고 수분이 날아갈 때까지 볶아줍니다.
3. 믹서에 볶은 양송이 2/3분량, 두부, 견과류, 물을 넣고 곱게 갈아줍니다.
4. 냄비에 곱게 간 수프, 소금을 넣고 한소끔 끓여줍니다.
5. 그릇에 양송이두부수프를 담고 나머지 볶은 양송이를 올려줍니다.

나이를 거스르는 몸의 회복력

단호박브로콜리두부수프

부기를 빼는 데 일등공신인 단호박은 그냥 먹어도 맛나지만,
특유의 노란 색감과 부드러운 맛 덕분에 수프로 만들기 좋은 대표 식재료입니다.
단호박의 달콤한 맛과, 브로콜리의 향, 두부의 담백함이 어우러진 따뜻한 수프는 몸과 마음이
즐거운 한 끼가 될 거예요.

| 재료 |

단호박 1/2개, 브로콜리 1/2개, 견과류 1줌, 두부 200g, 물 200mL, 소금 1꼬집

1. 단호박은 씨를 긁어내고 껍질을 제거한 뒤 먹기 좋게 잘라줍니다. 브로콜리는 먹기 좋게 썰어줍니다. 견과류는 잘게 부숴줍니다.
2. 찜기에 먹기 좋게 썬 단호박, 브로콜리를 넣고 10~15분간 쪄줍니다.
3. 믹서에 찐 단호박, 두부, 물을 넣고 곱게 갈아줍니다.
4. 냄비에 곱게 간 수프, 소금을 넣고 저어가며 한소끔 끓여줍니다.
5. 찐 브로콜리를 넣고 저어가며 다시 한 번 한소끔 끓여줍니다.
6. 그릇에 단호박브로콜리두부수프를 담고 잘게 부순 견과류를 올려줍니다.

지친 갱년기를 위로하는 따뜻함

치킨토마토수프

닭고기가 입에서 녹을 정도로 푹 끓여낸 치킨토마토수프는 토마토의 상큼함과 닭 육수의 깊은 풍미가
완벽하게 어우러진 한 그릇이에요. 당근과 양배추의 자연스러운 단맛, 싱그러운 브로콜리가 더해져
한 숟가락에 오감이 즐거워지는 경험을 선사합니다. 토마토의 풍부한 라이코펜은 갱년기 여성의
심혈관 건강을 지키는 데 도움이 된다고 해요. 닭고기의 단백질은 근감소증 예방에 효과적이랍니다.
바쁜 일상 속 끼니를 때우기 쉬운 나에게 풍요로운 영양 한그릇 제대로 대접해보세요.

| 재료 |
브로콜리 1개, 당근 1개, 양배추 200g, 토마토 2개, 닭 1마리
쑥소금 1~2꼬집, 파슬리 약간

| 육수 |
물 1.5L, 백숙용 육수 티백 1개

1. 브로콜리를 먹기 좋게 썰어줍니다. 이때 브로콜리 줄기도 같이 썰어주세요. 당근은 세로로 2등분하고 어슷하게 썰어줍니다. 양배추는 먹기 좋게 썰어줍니다. 토마토는 꼭지를 자르고 8등분해줍니다.
2. 냄비에 육수 재료를 모두 넣고 한소끔 끓인 뒤 닭을 넣고 40분 이상 끓여줍니다.
3. 닭과 백숙용 육수 티백을 건져냅니다. 닭은 살을 발라 먹기 좋게 찢고 육수는 그대로 둡니다.
4. 냄비에 먹기 좋게 썬 양배추 2줌, 먹기 좋게 썬 브로콜리, 어슷하게 썬 당근, 8등분한 토마토를 순서대로 넣고 육수를 모두 부어준 뒤 채소가 흐물흐물해질 때까지 강불에서 끓여줍니다.
5. 그릇에 치킨토마토수프, 발라낸 살코기를 담고 쑥소금, 파슬리를 뿌려줍니다.

이른 저녁 식사로 추천하는

당근감자수프

하루의 피로를 풀어주는 비타민A, 비타민C 한 그릇. 달고 담백한 당근과 부드러운 감자가 팬에서
살짝 구워져 고소한 향을 내며, 마늘의 향긋한 풍미가 가득히 스며들어 맛을 더욱 풍성하게 만들어줘요.
양파가 더해지며 깊고 달콤한 맛이 쌓이고, 생들기름과 레몬즙이 들어가 신선하고 부드러운 맛이 됩니다.
따뜻한 수프의 고소함과 상큼함이 입 안에 퍼지며 속을 채워줄 거예요.

| 재료 |
당근 1개, 감자 1개, 양파 1개, 올리브오일 약간, 다진 마늘 0.5T, 물 100mL,
생들기름 1T, 레몬즙 1T, 소금 2꼬집, 후추 2꼬집

1. 당근, 감자, 양파를 먹기 좋게 썰어줍니다.
2. 달군 냄비에 올리브오일을 두른 뒤 다진 마늘을 넣고 노릇해질 때까지 볶아줍니다.
3. 먹기 좋게 썬 당근을 넣고 3분간 볶고, 먹기 좋게 썬 감자를 넣고 3분간 볶아줍니다. 먹기 좋게 썬 양파를 넣고 당근, 감자, 양파가 반쯤 익을 때까지 볶아줍니다.
4. 물을 넣고 뚜껑을 닫은 뒤 야채가 푹 익을 때까지 끓여줍니다.
5. 불을 끄고 생들기름, 레몬즙, 소금, 후추를 넣고 잘 저어줍니다.
6. 믹서에 수프를 넣고 곱게 갈아줍니다.

고소함과 편안함이 담긴 단백 한 끼

그린수프와 두부구이

부드럽고 든든하게 자극 없이 속을 편안하게 감싸주는 따뜻한 수프 한 그릇이 필요한 날이 있어요.
이 그린수프는 병아리콩의 고소함, 감자의 부드러움, 셀러리잎의 향긋함이 조화를 이룬
담백하면서도 영양 가득한 식물성 수프입니다. 여기에 겉은 노릇하고 속은 말랑한 두부구이를 곁들이면
가볍지만 결코 허전하지 않은 한 끼가 완성돼요. 소화가 잘되는 식재료로 구성하여 부담 없고,
단백질, 식이섬유, 비타민이 고르게 담겨 있어 채식이든 해독식이든 모두 잘 어울려요.
입맛 없는 날에도 부드럽게 넘어가는 포근한 식사로 추천드려요.

| 재료 |

두부 200g, 감자 1개, 셀러리 잎 2줌, 삶은 병아리콩 6T, 생들기름 2T,
소금 2꼬집, 후추 2꼬집, 올리브오일 약간

1. 두부는 먹기 좋게 썬 뒤 소창 행주로 물기를 빼줍니다. 감자는 껍질을 벗긴 뒤 4등분해줍니다.
2. 냄비에 셀러리 잎, 삶은 병아리콩, 4등분한 감자, 물을 넣고 셀러리 잎과 감자가 푹 익을 때까지 끓여줍니다.
3. 믹서에 삶은 셀러리 잎, 삶은 병아리콩, 삶은 감자, 생들기름, 소금, 후추를 넣고 곱게 갈아줍니다.
4. 달군 팬에 올리브오일을 두른 뒤 먹기 좋게 썬 두부를 앞뒤로 노릇하게 구워줍니다.
5. 접시에 그린수프를 담고 구운 두부를 올려줍니다.

CHAPTER 2

하루의 에너지를 채우는
점심 식사

갱년기 다이어트를
위한 소소한 비법

어떤 사람이 술도 마시지 않고, 자극적인 음식을
먹은 것도 아닌데 위암에 걸렸다고 합니다.
이유는 음식을 제대로 씹지 않고 삼켰기 때문이라고 해요.
대충 씹어 넘긴 음식물은 위에서 덩어리를 분해하기 위해
많은 양의 위산을 만들고, 이 때문에 생긴 위궤양이 시간
이 지나 암으로 발전한다고 합니다.
여러분의 몸은 어떤가요. 이번에는 몸을 가볍게 만드는
소소한 비법들을 알려드릴게요.
우리 몸이 부담 없이 소화를 잘할 수 있도록
오늘부터 음식을 꼭꼭 씹어볼까요? 음식물이 입안에서
부드러워질 때까지 씹는 것이 좋습니다.
이것은 다이어트의 시작이자 기본적인 식사법이에요.
천천히 식사하면 포만감이 생겨 과식을 막을 수 있기 때
문입니다. 칼로리는 보지 마세요.
내가 먹은 음식의 칼로리를 소모하려면
끊임없이 운동을 해야 한다는데
그렇게 하지 않아도 살은 빠집니다.
그러니 이제 칼로리 계산은 잊고 편하게 드세요.

대신 다음 6가지를 꼭 유념하세요.

1. 지금 내가 먹는 음식이 '살아 있는 음식(신선한 재료)'인지, 아니면 '죽은 음식(인스턴트, 초가공 식품)'인지 확인하기
2. 하루 식단의 70~80% 이상을 과일, 야채, 콩 위주로 구성하고 있는지 체크하기
3. 지금 이 시간에 이 음식이 내 몸에 적합한지 스스로 점검하기
4. 12시 정오 이전까지는 과일과 야채 위주로 먹기
5. 건강하고 즐겁게 식사하기
6. 잠들기 전에는 위를 비워 몸이 해독할 수 있도록 도와주기

갱년기 다이어트에서는 식사량을 줄이면 절대 안 됩니다. 소식을 습관화하는 것은 좋은 방법이지만, 평소 먹는 양보다 훨씬 적게 먹고

허기를 참는 것은 위험합니다.
특히 갱년기에는 다양한 영양소가 골고루 필요하기
때문에 식사량을 줄이는 것은 바람직하지 않습니다.
단기간에 많은 체중을 줄이는 것보다
꾸준히 몸에 무리가 가지 않는 범위에서
천천히 감량하는 걸 목표로 삼으세요.
오전에는 몸이 배설 작용을 하는 시간이기 때문에
과일, 야채처럼 천연 수분이 많은 음식을 섭취하는
것이 가장 좋습니다.
특히 신선한 과일은 비타민과 수분을 공급해
몸을 깨우고 에너지를 채워줍니다.
오후에는 단백질과 건강한 지방, 복합 탄수화물을
포함한 균형 잡힌 식사를 통해 하루 활동에
필요한 에너지를 충분히 보충하세요.
이때 과식하거나 자극적인 음식은 피하는 것이
좋습니다. 저녁에는 가능한 비우거나 소화가 쉬운
음식을 선택해 위에 부담을 덜어주는 것이 중요합니다.
예를 들어 야채로 만든 수프나 가벼운 샐러드가 좋은
선택이 될 수 있습니다. 밤에는 위를 완전히 비워야
체내 해독과 재생이 원활히 이루어져요.
그러니 잠들기 최소 3~4시간 전에는 카페인을 포함한
모든 음식을 삼가고 무카페인 허브차나 물로 수분을
보충하는 정도로 마무리하세요.
이러한 식사 패턴을 꾸준히 실천하면 몸이 한결
가벼워지고 컨디션이 안정될 것입니다.

생각만 해도 살이
빠지는 마법

생각만으로 살이 빠지는 마법 같은 방법을 소개합니다.
그게 가능하냐고요?
생각으로 살이 빠지는 원리는 뇌와 몸의 연결을
기반으로 합니다.
우리의 뇌는 현실과 상상을 구분하지 못하고,
상상한 것을 현실로 받아들이는 경향이 있습니다.
예를 들어 "나는 지금 48kg이다."라고
반복적으로 말하면, 뇌는 그 상태를 실제로
실현해야 한다고 판단하고,
몸에 변화를 일으키는 신호를 보냅니다.
이 과정에서 식욕, 스트레스 호르몬이 조절되면서
식사량과 식습관에도 긍정적인 영향을
미칠 수 있습니다.
긍정적인 자기암시는 스트레스와
부정적인 감정을 줄여주는데요,
이는 체중 감량에 매우 중요한 요소입니다.
스트레스는 폭식이나 과도한 칼로리 섭취를

유발하기 때문입니다.
더 나아가 목표 몸무게를 계속 상상하면 우리의
행동 역시 그 목표에 부합하도록 변하게 됩니다.
이는 운동이나 건강한 식습관을 자연스럽게
실천하도록 이끄는 동력이 됩니다.
결국 생각은 단순한 상상이 아니라
우리의 몸과 행동을 변화시키는 강력한 도구입니다.
지금부터 자신이 원하는 모습을 떠올리고,
그것을 현재형으로 믿으며 실천해보세요.
단순하지만 매우 효과적인 방법입니다.

지금부터 함께 해볼까요?

먼저, 원하는 몸무게를 떠올려보세요.

예를 들어, 48kg이 되고 싶다면 이렇게 말해야 합니다.

"나는 48kg이 될 것이다." (×)

"나는 48kg이 되고 싶다." (×)

"나는 지금 48kg이다." (○)

이 말을 3번 이상 반복해보세요.

우리의 몸은 뇌가 떠올리는 대로 반응합니다.

의구심이 든다면 지금 바로 확인해볼까요?

손을 내밀어보세요.

여기 아주 싱싱한 레몬을 반으로 잘랐습니다.

레몬의 즙을 짜서 마셔보는 상상을 해보세요.

어때요? 입안에 침이 고이지 않나요?

이처럼 몸은 우리가 무엇을 떠올리는지에 따라

반응합니다. 원하는 몸 상태를 현재형으로

믿어야 효과가 있다는 말이지요.

저녁을 굶는다고 생각하지 말고, 위를 비운다고 생각해

보세요. 저녁 7시 이후에는 위에 아무것도 없는 상태라고

상상하며 말입니다. 몸의 변화를 원한다면

딱 한 달만 이 방법을 실천해보세요.

그 이후 어떤 일이 벌어지는지 함께 지켜보아요.

#1   심심한 밥에 맛과 건강함을 넣은
              일석이조 영양밥

고구마는 작게 잘라야 적당한 단맛이 나는 맛있는 밥을 먹을 수 있어요.

밥 속의 자연 비타민
고구마영양밥

| 재료 |
쌀 1컵
고구마 1/2개
물 200mL

1. 쌀은 물에 담가 30분 이상 불려줍니다.
2. 고구마는 껍질째 깨끗하게 씻은 뒤 작게 깍둑썰기해줍니다.
3. 솥에 불린 쌀, 깍둑 썬 고구마, 물을 넣어 줍니다.
4. 뚜껑을 덮고 약불에서 15분간 끓인 뒤 불을 끄고 15분간 뜸을 들입니다.

감칠맛이 극대화된 솥밥.

먹으면 먹을수록 뱃살이 빠지는
다시마영양밥

| 재료 |
쌀 1컵
건다시마 4조각
물 250mL

1. 쌀은 물에 담가 30분 이상 불려줍니다. 건다시마는 물 250mL에 담가 10분 이상 불려줍니다.
2. 믹서에 불린 다시마와 그 물을 넣고 곱게 갈아줍니다.
3. 솥에 불린 쌀, 곱게 간 다시마와 그 물을 넣어줍니다.
4. 뚜껑을 덮고 약불에서 15분간 끓인 뒤 불을 끄고 15분간 뜸을 들입니다.

세작의 깔끔한 단맛이
밥과 어우러져 마치
향긋한 차를 마시듯 우아하게
즐길 수 있는 식사.

내 몸을 깨우는 초록빛 밥상

녹차밥

| 재료 |
쌀 1컵
세작 녹차 1T
물 160mL

1. 쌀은 물에 담가 30분 이상 불려줍니다.
2. 솥에 불린 쌀, 세작 녹차, 물을 넣어줍니다.
3. 뚜껑을 덮고 약불에서 15분간 끓인 뒤 불을 끄고 15분간 뜸을 들입니다.

몸을 따뜻하게 해주는 봄의 별미

쑥톳밥

향긋한 쑥의 푸른 생명력이 밥알 하나하나에 스며들어 은은한 봄 향기를 선사합니다.
첫 순가락을 들면 입안 가득 퍼지는 쑥의 그윽한 향과 식감이 일상의 식탁을 특별하게 만들어줍니다.
쑥에 들어 있는 풍부한 칼슘과 비타민E는 갱년기 여성의 뼈 건강을 지키고 안면홍조를 완화하는 데 도움을
준다고 알려져 있어요. 자연이 주는 소박한 선물, 쑥밥으로 건강도 챙기고 온몸으로 봄 향기도 느껴보세요.

| 재료 |
쌀 1컵, 쑥 100g, 밥톳 1T, 물 200mL, 소금 약간

| 양념장 |
어간장 0.5T, 참기름 1T, 소금 2꼬집, 참깨 적당량

1. 쌀은 물에 담가 30분 이상 불려줍니다.
2. 쑥은 질긴 줄기를 잘라내고 미지근한 물에 씻어줍니다.
3. 솥에 불린 쌀, 밥톳, 물을 넣어줍니다.
4. 뚜껑을 덮고 약불에서 15분간 끓인 뒤 불을 끄고 15분간 뜸을 들입니다.
5. 냄비에 물 적당량을 넣고 끓여줍니다. 물이 끓으면 소금, 손질한 쑥을 넣고 데쳐줍니다.
6. 데친 쑥은 찬물에 헹구고 물기를 꼭 짠 뒤 쫑쫑 썰어줍니다.
7. 볼에 쫑쫑 썬 쑥, 양념장 재료를 모두 넣고 잘 섞어 양념장을 만들어줍니다.
8. 그릇에 밥, 양념장을 넣고 비벼줍니다.

○ **톡톡 정보**
- 쑥을 찬물에 씻으면 검게 얼 수 있으니 미지근한 물에 씻어주세요.
- 데친 쑥을 찬물에 헹구면 쑥의 색감은 살리고, 쓴맛은 줄일 수 있어요.
- 어간장은 해조류와 잘 어울리는 향을 가지고 있어 톳밥의 풍미를 한층 더 높일 수 있답니다.

바다에서 온 천연 미네랄

꼬막톳밥과 달래양념장

바다의 진한 풍미가 살아 있는 꼬막과 톳의 조화로운 만남이에요. 쫄깃한 꼬막의 식감과
달래 간장 양념장의 알싸한 맛이 만나면 단숨에 봄을 만끽할 수 있는 한 그릇이란 걸 깨달을 거예요.
꼬막의 풍부한 아연과 철분, 톳의 요오드와 칼슘은 갱년기 여성의 호르몬 균형과 뼈 건강에
도움을 준다고 알려져 있답니다. 입맛이 없고 기력이 떨어졌을 때 꼬막톳밥 한 그릇으로 건강도 챙기고
먹는 즐거움을 다시 찾아보세요.

| 재료 |
쌀 1컵, 꼬막 1팩, 달래 1/2단, 밥다시마 4g, 밥톳 4g, 물 200mL

| 양념장 |
고춧가루 1T, 다진 마늘 1T, 간장 3T, 액젓 1T, 참기름 1T, 매실청 1T, 참깨 적당량

1. 쌀은 물에 담가 30분 이상 불려줍니다.
2. 꼬막은 흐르는 물에 씻어 불순물을 제거한 뒤 소금물에 담가 30분 이상 해감합니다.
3. 달래는 흐르는 물에 살살 씻으며 뿌리 끝의 지저분한 부분과 흙을 제거합니다. 이때 잔뿌리는 완전히 제거하지 않아도 됩니다. 다듬은 달래는 물에 담가 남은 흙이 가라앉도록 하고 깨끗한 물로 한 번 더 헹군 뒤 쫑쫑 썰어줍니다.
4. 냄비에 해감한 꼬막을 넣고 중약불에서 10분간 끓여줍니다. 꼬막이 입을 벌리면 불을 끄고 한 김 식힌 뒤 살을 발라줍니다.
5. 솥에 불린 쌀, 밥다시마, 밥톳, 물을 넣어줍니다.
6. 뚜껑을 덮고 약불에서 15분간 끓인 뒤 불을 끄고 15분간 뜸을 들입니다.
7. 볼에 쫑쫑 썬 달래, 양념장 재료를 모두 넣고 넣고 잘 섞어 양념장을 만들어줍니다.
8. 그릇에 밥, 꼬막, 양념장을 넣고 비벼줍니다.

○ **톡톡 정보**

- 꼬막을 삶을 때는 물 없이 삶아주세요.
- 익은 꼬막은 찬물에 헹구지 말아주세요. 맛과 영양이 손실될 수 있어요.

장 건강을 돕는 바다의 채소

생톳밥

가끔 남도음식점에 들리면 해조류밥을 즐겨 먹곤 했는데, 이걸 제가 직접해서 먹게 될 줄 몰랐어요. 해조류밥을 먹다 보니 장이 건강해지고 입맛이 돌더라고요. 생톳밥은 바다의 깊은 맛이 응축된 톳과 다시마가 밥알 사이사이에 스며들어 기분 좋은 풍미를 선사해요. 쫄깃한 톳의 식감과 다시마의 감칠맛이 간장 양념장과 만나 조화로운 맛의 향연이 펼쳐집니다. 생톳밥은 곱창김이나 감태에 싸 먹으면 훨씬 맛있습니다. 톳과 다시마에 풍부한 요오드와 칼슘, 식이섬유는 갱년기 여성의 갑상선 건강과 뼈 건강을 지키는 데 도움을 준다고 알려져 있어요. 게다가 콜레스테롤 수치 관리에도 좋답니다. 톳밥 한 그릇으로 자신을 위한 특별한 시간을 가져보세요.

| 재료 |
쌀 1컵, 생톳 1줌, 밥톳 1T, 밥다시마 1/2T, 물 250mL

| 양념장 |
고춧가루 1T, 다진 마늘 1T, 간장 3T, 멸치액젓 1T, 참기름 1T, 매실청 1T, 참깨 적당량

1. 쌀은 물에 담가 30분 이상 불려줍니다.
2. 생톳은 흐르는 물에 씻어 불순물을 제거합니다.
3. 냄비에 물 적당량을 넣고 끓여줍니다. 물이 끓으면 생톳을 넣고 데친 뒤 먹기 좋게 잘라줍니다.
4. 솥에 불린 쌀, 먹기 좋게 자른 톳, 밥톳, 밥다시마, 물을 넣어줍니다.
5. 뚜껑을 덮고 약불에서 15분간 끓인 뒤 불을 끄고 15분간 뜸을 들입니다.
6. 볼에 양념장 재료를 모두 넣고 잘 섞어 양념장을 만들어줍니다.
7. 그릇에 밥, 양념장을 넣고 비벼줍니다.

○ **톡톡 정보**

생톳에 밥톳을 한 번 더 넣은 이유가 있어요. 지역에 따라 생톳을 구할 수 없는 분들이 있더라고요. 그래서 생톳 대신 쓸 수 있는 밥톳, 염장톳 등 다양하게 응용하는 방법을 보여드리기 위해 사용했답니다.

한입에 넣기 딱 좋은 영양밥.

짭조름한 맛에 자꾸자꾸 손이 가는
멸치취나물주먹밥

| 재료 |
취나물 1/2팩
소금 약간
참기름 약간
쑥소금 3꼬집
지리멸치 25g
현미밥 2공기

| 양념 |
간장 1T
매실청 1T
올리고당 1T

1. 취나물을 깨끗하게 씻어줍니다.
2. 냄비에 물 적당량을 넣고 끓여줍니다. 물이 끓으면 소금, 취나물을 넣고 데쳐줍니다. 데친 취나물을 찬물에 헹구고 물기를 꼭 짠 뒤 1cm 간격으로 잘라줍니다.
3. 볼에 데친 취나물, 참기름, 쑥소금을 넣고 버무려줍니다.
4. 마른 팬에 지리멸치를 넣고 수분이 날아갈 때까지 볶은 뒤 양념 재료를 넣고 버무려줍니다.
5. 볼에 현미밥, 취나물을 넣고 버무린 뒤 주먹밥을 만듭니다.
6. 그릇에 주먹밥을 담고 볶은 지리멸치를 올려줍니다.

당근샌드위치보다
훨씬 맛있는 김밥.

입안에서 살살 녹는
당근김밥

| 재료 |

당근 3개
마늘종 1줌
올리브오일 약간
다진 마늘 1T
소금 약간
현미밥 2공기
김밥용 김 2장
단무지 2줄

| 밑간 |

참깨 약간
참기름 약간
소금 약간

1. 당근은 필러로 얇고 길게 슬라이스해줍니다. 마늘종은 깨끗하게 씻어줍니다.
2. 달군 팬에 올리브오일을 두른 뒤 다진 마늘을 넣고 볶다가 슬라이스한 당근, 소금을 넣고 볶아줍니다.
3. 달군 팬에 올리브오일을 두른 뒤 마늘종을 넣고 살짝 볶아줍니다.
4. 볼에 현미밥, 밑간 재료를 모두 넣고 잘 섞어줍니다.
5. 김밥용 김에 밑간한 밥을 넓게 깔고 볶은 당근, 마늘종, 단무지를 올리고 돌돌 말아줍니다.

식이섬유 가득한 고소한 밥.

여름철 건강 지킴이
비름나물밥

| 재료 |
비름나물 200g

| 양념장 |
다진 마늘 0.5T
멸치액젓 1T
소금 1꼬집
참기름 1T
볶은 깨 적당량
밥 1공기

1. 비름나물은 깨끗하게 씻어줍니다.
2. 냄비에 물 적당량을 넣고 끓여줍니다. 물이 끓으면 소금, 비름나물을 넣고 데친 뒤 찬물에 헹구고 물기를 꼭 짜줍니다.
3. 볼에 양념장 재료를 모두 넣고 잘 섞어 양념장을 만들어줍니다.
4. 볼에 데친 비름나물, 양념장을 넣고 버무려줍니다.

싱그러운 향이 가득한
셀러리잎깻잎김밥

향긋한 채소로 만드는
초여름의 맛.

| 재료 |
깻잎 2봉지
셀러리 잎 2줌
물 30mL
소금 약간
올리브오일 약간
계란 2개
밥 2공기
김밥용 김
단무지

| 밑간 |
통깨 약간
참기름 약간
소금 약간

1. 깻잎, 셀러리 잎은 잘게 채썰어줍니다.
2. 냄비에 채썬 깻잎, 셀러리 잎, 물을 넣고 한소끔 끓여준 뒤 약불에서 3분간 더 끓여줍니다.
3. 어느 정도 물이 줄어들면 소금을 넣고 수분이 날아갈 때까지 볶은 뒤 올리브오일을 넣고 살짝 더 볶아줍니다.
4. 달군 팬에 올리브오일을 두른 뒤 계란물을 넣고 지단을 부쳐줍니다.
5. 볼에 밥, 밑간 재료를 넣고 잘 섞어줍니다.
6. 김밥용 김을 깔고, 밑간한 밥, 지단, 볶은 깻잎, 셀러리 잎, 단무지를 순서대로 올리고 돌돌 말아줍니다.

○ 톡톡 정보
김밥이 잘 터지면 김을 2장 깔고 말아보세요.

푸르른 바다의 선물

다시마채김밥

바다에는 맛있고 영양이 가득한 재료가 정말 풍부해요.
그중 해조류인 다시마와 작은 생선인 지리멸치로 감칠맛이 나는 김밥을 만들어볼게요.
부드러운 밥과 어우러진 다시마의 쫄깃한 식감과 지리멸치의 고소함이 입안에서 조화롭게 어우러집니다.
다시마에 풍부한 칼슘과 요오드는 골다공증 예방과 갑상선 기능 유지에 도움을 줍니다.
다시마채김밥을 맛있게 먹고 난 다음날에는 화장실에서 황금을 만날 수 있는 뿌듯한 즐거움도 있답니다.

| 재료 |
건 다시마채 2줌, 올리브오일 약간, 다진 마늘 1/2T, 멸치액젓 1~2T, 소금 약간,
참기름 적당량, 참깨 적당량, 지리멸치 200g, 밥 2공기, 김밥용 김4장, 단무지 4~8줄

| 양념 |
간장 2T, 매실청 1T, 올리고당 1T

| 밑간 |
참깨 약간, 참기름 약간

1. 건 다시마채는 물에 담가 15분 이상 불려줍니다.
2. 달군 팬에 올리브오일을 두른 뒤 다진 마늘을 넣고 살짝 볶다가 불린 다시마채를 넣고 5분간 볶아줍니다.
3. 멸치액젓, 소금을 넣고 살짝 더 볶아줍니다.
4. 불을 끄고 참기름, 깨를 넣고 버무려줍니다.
5. 달군 팬에 지리멸치를 넣고 수분이 날아갈 때까지 볶아준 뒤 양념 재료를 모두 넣고 버무려줍니다.
6. 불을 끄고 참기름, 깨를 넣고 버무려줍니다.
7. 볼에 밥, 밑간 재료를 넣고 잘 섞어줍니다.
8. 김밥용 김에 밑간한 밥을 넓게 깔고 볶은 다시마채, 볶은 지리멸치, 단무지를 올리고 돌돌 말아줍니다.

○ **톡톡 정보**

단무지 대신 오이를 얇게 채썰어서 소금에 절였다가 물기를 꼭 짜내고 사용해도 됩니다. 더욱 자연스럽고 건강한 재료가 될 수 있어요.

속은 든든하게 위는 편안하게

양배추닭백숙

우리나라 보양식은 재료가 우수한 데 비해 칼로리가 높다는 점이 아쉬워요.
이럴 땐 주재료 외에 보조재료를 바꿔주면 칼로리는 낮추면서 든든한 한 끼를 만들 수 있답니다.
양배추닭백숙도 이런 생각으로 탄생한 레시피입니다.
닭을 푹 삶아낸 육수에 양배추채를 익혀서 국수처럼 먹어보세요.
밥이나 죽을 먹었을 때와 다른 가볍고도 깊은 맛을 느낄 수 있답니다.

| 재료 |
양배추 200g, 닭 1마리, 소금 약간, 후추 약간

| 육수 |
물 1L, 백숙용 육수 티백 1개, 건 대추 5~6알

1. 양배추는 얇게 채썰고 깨끗하게 씻어줍니다.
2. 냄비에 육수 재료를 모두 넣고 한소끔 끓여줍니다. 육수가 끓으면 닭을 넣고 한소끔 더 끓인 뒤 중불에서 40분간 끓이고 백숙용 육수 티백, 닭을 건져냅니다.
3. 닭 육수에 채썬 양배추 2줌을 넣고 중불에서 5분간 끓여줍니다.
4. 닭을 넣고 5분간 더 끓여줍니다.
5. 그릇에 양배추닭백숙을 담고 소금, 후추를 뿌려줍니다.

○ 톡톡 정보
- 작게 깍둑썰기한 당근을 양배추와 함께 넣고 익혀주세요.
- 양배추는 닭 크기의 반절 정도로 분량을 잡고 조리하면 좋아요.
- 닭은 한 번 삶은 뒤 살을 발라내서 육수에 넣고 끓여도 좋아요.

비타민이 가득한 부드러운 영양식

양배추참나물에그스크램블

부드러운 계란과 아삭한 양배추, 향긋한 참나물이 어우러진 에그스크램블은
아침 식탁의 활력소가 될 거예요. 참나물의 그윽한 향이 계란의 고소함과 만나 부드러운 한 끼가 됩니다.
잎채소는 갱년기 여성에게 필요한 미네랄을 가득 포함하고 있어요.
양배추의 식이섬유와 계란에 들어 있는 양질의 단백질은 호르몬 균형과
체중 관리에 도움을 준다고 알려져 있답니다. 간단하지만 영양 가득한 한 끼로 하루를 보내세요.

| 재료 |
양배추 1/6통, 참나물 2줌, 참치액젓 2T, 다진 마늘 0.5T, 올리브오일 약간,
계란 2개, 참기름 2T, 깨소금 약간

1. 양배추는 먹기 좋게 썰어줍니다. 참나물은 듬성듬성 썰어줍니다.
2. 달군 팬에 먹기 좋게 썬 양배추, 참치액젓, 다진 마늘을 넣고 양배추가 살짝 숨이 죽을 때까지 볶아줍니다.
3. 숨이 죽은 양배추를 팬 한쪽에 밀어두고, 올리브오일을 두른 뒤 스크램블에그를 만들어줍니다.
4. 스크램블에그가 어느 정도 익으면 듬성듬성 썬 참나물을 넣고 한쪽에 밀어두었던 양배추와 잘 섞으며 1분간 볶아줍니다.
5. 불을 끄고 참기름, 깨소금을 뿌려줍니다.

가공식품을 뺀 신선한

토마토하이라이스

야채를 가득 넣은 토마토하이라이스는 갱년기에 작은 선물이 되는 메뉴입니다.
새콤달콤한 토마토, 당근의 달콤함, 감자의 포근함, 새송이의 깊은 풍미가 어우러져 있어요.
토마토의 라이코펜은 갱년기 안면홍조 완화에 도움을 주고, 브로콜리의 칼슘은 뼈 건강을 지켜줍니다.
색색의 야채가 주는 비타민과 미네랄이 오늘 하루 쌓인 피로를 사르르 녹여줄 거예요.
맛있는 토마토와 신선한 아삭함을 씹고 싶을 때 추천하는 한 끼에요!

| 재료 |
토마토 2개, 당근 1개, 감자 2개, 새송이버섯 1개, 브로콜리 1/4개, 두부 200g,
물 50mL, 올리브오일 약간, 레몬즙 2T, 소금 5꼬집, 후추 3꼬집, 파슬리 약간

| 전분물 |
전분가루 1T, 물 1숟가락

1. 토마토는 꼭지를 떼어내고 먹기 좋게 썰어줍니다. 당근, 감자는 껍질을 벗기고 작게 깍둑썰기해줍니다. 새송이버섯, 브로콜리는 잘게 깍둑썰기해줍니다. 이때 브로콜리 줄기도 같이 썰어줍니다. 두부는 부침 모양으로 도톰하게 썬 뒤 소창 행주로 물기를 빼줍니다. 볼에 전분물 재료를 모두 넣고 잘 섞어줍니다.
2. 믹서에 먹기 좋게 썬 토마토, 물을 넣고 곱게 갈아줍니다.
3. 달군 팬에 올리브오일을 두른 뒤 물기 뺀 두부를 앞뒤로 노릇하게 구워줍니다.
4. 달군 팬에 올리브오일을 두른 뒤 작게 깍둑썰기한 당근, 감자를 넣고 살짝 볶아주다가 소금 2꼬집을 넣고 감자가 약간 투명해질 때까지 볶아줍니다.
5. 깍둑썰기한 브로콜리 2줌을 넣고 줄기가 약간 투명해질 때까지 볶다가 깍둑썰기한 새송이버섯을 넣고 숨이 죽을 때까지 볶아줍니다. 곱게 간 토마토를 부어줍니다.
6. 모든 야채가 푹 익으면 전분물을 넣고 섞어줍니다.
7. 토마토하이라이스가 걸쭉해지면 레몬즙, 소금 3꼬집, 후추를 뿌려줍니다.
8. 팬에 구운 두부를 담고 토마토하이라이스를 부어줍니다.

◆ 전선생 NOTE

토마토는 올리브오일에 살짝 볶은 뒤 믹서에 갈아서 사용해도 좋아요. 생 토마토를 가는 것과 조금 다른 맛을 내는데 전 볶아서 넣는 것도 아주 좋았어요. 계란을 지단처럼 부쳐서 토마토하이라이스 위에 덮어 앙 크루트처럼 먹어도 좋아요.

다채로운 식감에
흠뻑 빠져드는 맛.

눈과 입이 즐거운
해초오이국수

| 재료 |
- 모듬 해초 1봉지
- 오이 1개
- 양파 1/4개
- 올리브오일 약간
- 계란 1~2개
- 참깨 적당량

| 양념장 |
- 물 200mL
- 마스코바도 1T
- 다진 마늘 0.5T
- 어간장 1T
- 까나리액젓 1T
- 식초 3T

1. 모듬 해초는 물에 담가 10분 이상 불려줍니다. 오이는 껍질을 제거하고 얇고 길게 슬라이스해줍니다. 양파는 얇게 채썰어줍니다.
2. 달군 팬에 올리브오일을 두른 뒤 지단을 만들어줍니다.
3. 볼에 양념장 재료를 모두 넣고 잘 섞어 양념장을 만들어줍니다.
4. 그릇에 슬라이스한 오이, 얇게 채썬 양파, 불린 모듬 해초, 지단을 담고 양념장을 부은 뒤 참깨를 뿌려줍니다.

○ 톡톡 정보
양파는 찬물에 담가 매운맛을 빼줘도 좋아요.

바다의 향기를 담은
해초와 고소한 도토리묵이
어우러진 청량감.

먹어도 먹어도 살이 빠지는
해초묵밥

| 재료 |
모듬 해초 2봉지
당근 1/4개
양파 1/2개
오이 1개
묵 300g
소금 0.5T
깨 적당량

| 육수 |
물 600mL
멸치육수 티백 1개
멸치액젓 2T

| 양념 |
고춧가루 1T
다진 마늘 1T
간장 3T
멸치액젓 1T
참기름 1T
매실청 1T

1. 모듬 해초는 물에 담가 5분 이상 불려줍니다. 당근, 양파는 얇게 채썰어줍니다. 오이는 채칼로 짧고 얇게 썰어줍니다. 묵은 먹기 좋게 썰어줍니다.
2. 냄비에 육수 재료를 모두 넣고 한소끔 끓인 뒤 멸치 육수 티백을 건져냅니다.
3. 볼에 얇게 썬 오이, 소금을 넣고 10분 이상 절인 뒤 물기를 꼭 짜줍니다.
4. 볼에 절인 오이, 모듬 해초, 양념 재료를 모두 넣고 버무려줍니다.
5. 그릇에 묵, 버무린 해초, 육수를 넣고 깨를 뿌려줍니다.

양념장 없이 즐기는 진한 구수함

청국장버섯가지덮밥

향긋한 청국장의 깊은 풍미와 가지의 부드러운 식감, 버섯의 쫄깃함이 조화롭게 어우러진
한 그릇 식사예요. 현미밥에 청국장이 스며들면서 만들어내는 고소함은 행복감을 선사합니다.
콩에 들어 있는 이소플라본은 갱년기 여성의 호르몬 균형을 돕고, 버섯류의 베타글루칸은 면역력 증진에
도움을 준답니다. 현미에 풍부한 식이섬유는 장 건강을 지키고, 가지에 함유된 안토시아닌은
항산화 작용을 통해 세포 노화를 방지해요. 특히 갱년기에 흔히 나타나는 골밀도 감소를 예방하는 데도
청국장의 칼슘이 큰 도움이 된다는 연구 결과도 있답니다.

| 재료 |

현미 1컵, 가지 2개, 새송이버섯 1개, 느타리버섯 1개, 청국장 30~35g, 물 250mL,
소금 0.5T, 다진 마늘 1T, 간장 2T, 매실청 2T, 참기름 1T, 참깨 약간

1. 현미는 물에 담가 30분 이상 불려줍니다.
2. 가지, 새송이버섯은 세로로 2등분한 뒤 반달썰기해줍니다. 느타리버섯은 먹기 좋게 찢어줍니다.
3. 불린 현미에 청국장을 넣고 잘 섞어줍니다.
4. 솥에 청국장을 섞은 현미, 물을 넣고 약불에서 25분간 끓인 뒤 불을 끄고 15분간 뜸을 들여줍니다.
5. 볼에 반달썰기한 가지, 소금을 넣고 10분 이상 절인 뒤 물기를 꼭 짜줍니다.
6. 달군 팬에 반달썰기한 새송이버섯, 먹기 좋게 찢은 느타리버섯을 넣고 즙이 나올 때까지 볶아줍니다.
7. 절인 가지, 다진 마늘, 간장, 매실청을 넣고 가지, 버섯의 숨이 죽을 때까지 볶아줍니다.
8. 불을 끄고 참기름, 참깨를 뿌려줍니다.
9. 그릇에 밥을 담고 볶은 가지, 버섯을 올려줍니다.

CHAPTER 3

비어 있는
영양소를 채우는
국과 반찬

갱년기
관절 통증과 탈모

관절 통증은 노화로 뼈 건강이 나빠져서
생기는 것이 아니라 체중, 식단, 근육 상태 등
몸의 균형이 깨지면서 염증이 발생하여
생기는 경우가 많습니다.
그 통증은 약으로만 해결되지 않습니다.
이번에는 관절 통증의 원인과 개선 방법,
탈모 문제까지 함께 알아보겠습니다.

1. 내 몸의 근육량과 체지방량 확인하기

대부분 관절 통증은 체내 염증, 잘못된 생활 습관,
그리고 영양 부족에서 비롯됩니다.
병원에서도 관절 통증에 관한 뚜렷한 원인을
찾지 못했다면 내 몸 상태를 스스로
점검해보는 것이 중요합니다.
우리나라 성인의 절반은 마른 비만입니다.

정상 체중이더라도 근육량이 부족하고 체지방량이
높다면 관절에 가해지는 부담이 늘어납니다.
근육량이 낮으면 관절을 지지하는 힘이 약해지고,
체지방이 많으면 염증을 유발해 통증을
악화시킬 수 있습니다. 따라서 체중만 보지 말고,
근육량과 체지방량을 함께 확인하세요.

2. 염증을 유발하는 식단 확인하기

내 몸 상태를 개선하려면 가장 먼저 식단을 점검해야
합니다. 관절 통증의 주요 원인 중 하나는 체내 염증이며,
이는 우리가 매일 먹는 음식과 밀접하게 연결되어
있습니다. 염증을 줄이는 음식을 충분히 섭취하고
있는지, 반대로 가공식품, 설탕, 트랜스지방,
과도한 나트륨처럼 체내 염증을 유발하는 음식을 많이
섭취하고 있지는 않은지 꼼꼼히 살펴보세요.

3. 내 몸의 근육량 확인하기

근육은 움직임을 돕는 역할뿐만 아니라
관절을 지지하고 체중을 분산시켜 관절에 가는
충격을 줄이는 역할도 합니다.
하체 근육이 약하면 무릎과 발목 관절에
부담이 커지고, 복부 근육이 약하면 허리
통증이 심해질 수 있습니다.
근육 부족은 관절 통증의 시작점이 될 수 있으니
근육량이 줄어들지 않게 꾸준히 관리하세요.

관절 통증의 원인을 파악했다면 효과적인
해결책을 찾을 수 있습니다.

1. 운동하기

요통은 복부 근육과 뒷다리 햄스트링이 약해질 때
발생하는 경우가 많습니다.
이 부위의 근육은 몸의 균형을 유지하고,
관절에 가해지는 압력을 분산시키는 역할을 합니다.
근육이 약하면 관절로 부담이 집중되어 통증으로
이어질 수밖에 없는 것이지요.
오십견 역시 어깨 관절과
주변 근육이 뻣뻣해져 생기는 경우가 많은데,
이는 대부분 운동 부족 때문입니다.
유연성과 근력을 강화하는 운동을
꾸준히 실천해보세요.
스트레칭이나 가벼운 근력 운동은
관절의 움직임을 부드럽게 하고
통증을 완화하는 데 도움을 줍니다.
특히 하체 근육은 무릎과 허리 관절 건강에 필수이니
규칙적으로 운동을 하길 바랍니다.

2. 약물 복용 줄이기

고혈압약, 당뇨약처럼 장기 복용 약물은
간에 부담을 줄 수 있습니다.

손상된 간은 자가 복구를 위해 관절에서 영양소를
끌어다 쓰는 경우가 많습니다.
이 과정에서 관절의 영양 불균형이 생기고
염증이 유발될 가능성이 높아집니다.
만약 장기 복용 중인 약물이 있다면 간 건강에
도움이 되는 식단을 함께 실천해보세요.
항산화 효과가 있는
브로콜리, 아보카도, 마늘 같은
식품을 섭취하고, 해독 효과가 있는
녹차나 보리차를 자주 마시는 것이 좋습니다.

3. 잘못된 식습관 고치기

잘못된 식습관은 체내 염증 수치를 높이는
주요 원인입니다.
설령 약으로 증상을 완화했다 하더라도 식습관이
개선되지 않으면 통증은 재발할 수 있습니다.
염증 수치를 낮추기 위해 항염 효과가 있는
음식을 적극적으로 섭취하세요.
브로콜리, 시금치, 당근, 블루베리 등은 강력한
항산화 식품으로써 염증을 줄이는 데 탁월합니다.
연어, 고등어, 아마씨는 관절 염증을
완화하고 회복을 돕습니다.

어깨나 무릎 관절의 통증은 연골 내 수분이 부족하여
생길 수도 있습니다. 관절이 유연하게 움직이려면
충분한 영양소와 수분이 필수적입니다.
우리 몸은 관절보다 더 중요하다고 판단하는
장기에 영양과 수분을 먼저 공급하기 때문에 관절, 피부,
머리카락 등은 후순위로 밀릴 가능성이 큽니다.
갱년기에는 체내 수분이 급격히 줄어들어 연골
마모와 관절 통증이 심화될 수 있는 것이지요.
수분과 영양을 지속적으로 보충하는 것이
관절 건강의 첫걸음입니다.

탈모와 호르몬의 관계

갱년기 탈모는 호르몬 변화로 인해 더욱 빠르게
진행됩니다. 특히 여성호르몬인 에스트로겐이
감소하면 모발 성장 주기가 짧아지고,
모낭이 약해져 탈모가 심화됩니다.
이는 머리카락의 문제가 아니라 몸 전체의
균형이 무너졌음을 알리는 신호이기도 합니다.
약물을 복용 중이라면 체내에 쌓인 독소와 염증을
먼저 제거하는 것이 중요합니다.
독소와 염증은 몸의 해독 능력을 방해하고,
탈모 개선 효과를 약하게 만듭니다.
흔히 검은콩이 탈모 예방에 좋다고 알려져 있지만,
그것만으로는 부족합니다.
중요한 것은 체내 독소를 배출하고
염증을 줄이는 것입니다.
머리카락의 건강을 되찾으려면 몸이 스스로
회복할 수 있도록 돕는 과일과 야채 식단을
유지해야 합니다.
매일 신선한 과일과 야채를 섭취하면
체내 염증을 줄이고, 관절뿐만 아니라
머리카락 건강까지 지킬 수 있습니다.
자연에서 얻은 영양소는 몸의 해독 능력을 강화하고,
모발이 건강해질 수 있는 환경을 만들어줍니다.

자연이 주는 힘은 머리카락뿐만 아니라,
몸 전체를 회복시켜 줄 것입니다.

**건강한 변화는 거창한 결심에서
시작되지 않아요.
오늘부터 과일과 야채를 더 자주 섭취한다는
마음으로 시작해보세요.**

\#1   자연의 영양을 담은
       간단한 반찬

피로엔 철분,
나른할 땐 푸른 기운 한 접시.

갱년기에 꼭 필요한 초록 영양

취나물무침

| 재료 |
취나물 1팩
소금 0.5T

| 양념 |
참깨 적당량
다진 마늘 0.5T
까나리액젓 또는 멸치액젓 0.5T
참기름 1T
소금 2꼬집

1. 취나물은 깨끗하게 씻어줍니다.
2. 냄비에 물 적당량을 넣고 끓여줍니다. 물이 끓으면 소금, 취나물을 넣고 살짝 데친 뒤 찬물에 헹구고 물기를 꼭 짜줍니다. 데친 취나물은 먹기 좋게 썰어줍니다.
3. 볼에 양념 재료를 모두 넣고 잘 섞은 뒤 먹기 좋게 썬 취나물을 넣고 버무려줍니다.

노화엔 당근, 붓기엔 숙주.
갱년기 맞춤 반찬.

아삭한 시원함에 단맛을 더한
당근숙주나물무침

| 재료 |
숙주 1봉지
당근 1/2개
물 150mL

| 양념 |
참깨 적당량
다진 마늘 1T
까나리액젓 또는 멸치액젓 1T
참기름 1T
소금 2꼬집

1. 숙주는 깨끗하게 씻어줍니다. 당근은 얇게 채썰어줍니다.
2. 냄비에 숙주를 도넛 모양으로 깔고, 그 위에 당근을 올려놓습니다. 가운데에 물을 넣고 10분간 끓여줍니다.
3. 볼에 익힌 숙주, 당근, 양념 재료를 모두 넣고 버무려줍니다.

식이섬유와 비타민 C로 가볍게 속을 채우는 반찬.

자주 찾게 되는 청량한 식감
청경채숙주나물무침

| 재료 |
청경채 2개
숙주 1봉지
물 200mL

| 양념 |
참깨 적당량
다진 마늘 1T
까나리액젓 또는 멸치액젓 1T
어간장 또는 국간장 1T
참기름 1T
소금 1꼬집

1. 청경채는 뿌리를 자르고 잎사귀를 하나하나 떼어낸 뒤 세로로 길게 잘라줍니다. 숙주는 깨끗하게 씻어줍니다.
2. 냄비에 숙주를 깔고, 그 위에 세로로 길게 자른 청경채를 올려놓습니다. 가운데에 물을 넣고 5분간 끓여줍니다.
3. 볼에 익힌 숙주, 청경채, 양념 재료를 모두 넣고 버무려줍니다.

봄철 상큼하게 입맛 돋우는

햇미역오이무침

햇미역이 나오는 계절이면 가장 먼저 떠오르는 반찬이에요.
살짝 미지근한 물에 씻기만 해도 바다향이 은은하게 퍼지고, 아삭하게 어슷썬 오이와 만나면
그야말로 찰떡궁합! 입안에서 미역의 부드러움과 오이의 시원한 식감이 절묘하게 어우러지죠.
입맛 없을 때, 뭔가 개운한 게 당길 때, 이 무침 하나면 충분해요.

| 재료 |
햇미역 1묶음, 오이 1개, 소금 1T, 참깨 적당량

| 양념 |
다진 마늘 0.5T, 까나리액젓 1T, 참기름 1T

1. 햇미역은 미지근한 물에 씻은 뒤 먹기 좋게 썰어줍니다. 오이는 어슷하게 썰어줍니다.
2. 볼에 어슷하게 썬 오이, 소금을 넣고 10분간 절인 뒤 물기를 꼭 짜줍니다.
3. 볼에 먹기 좋게 썬 미역, 어슷하게 썬 오이, 양념 재료를 모두 넣고 버무려줍니다.
4. 그릇에 햇미역오이무침을 담고 참깨를 뿌려줍니다.

○ **톡톡 정보**
- 참기름, 참깨는 기호에 맞게 양을 가감해서 넣어주세요.
- 오이를 세로로 길게 반으로 잘라서 어슷하게 썰어주면 먹기 좋을 뿐더러 양념이 잘 배는 효과가 있어요.
- 햇미역을 찬물에 씻으면 미역 표면에 남아 있는 염분과 점막 성분이 빠르게 굳고, 수분을 흡수하지 못해 딱딱해져요. 미역을 부드럽게 유지하려면 미지근한 물에 씻어 염분을 제거하는 것이 좋아요. 이렇게 하면 미역이 수분을 잘 흡수해 본래의 탱탱하고 부드러운 식감을 살릴 수 있답니다.

칼슘과 항산화 성분으로
노화 걱정 줄이는
고소한 영양 음식.

고소한 단맛과 아삭한 식감이 어우러진 즐거움
흑임자고구마생채

| 재료 |
고구마 1개

| 양념 |
흑임자가루 1T
레몬즙 2T
소금 1꼬집
후추 1꼬집

1. 고구마는 껍질째 깨끗하게 씻은 뒤 채썰어줍니다.

2. 볼에 채썬 고구마, 양념 재료를 모두 넣고 버무려줍니다.

장 건강부터 면역력까지
모두 챙기는 상큼한 반찬.

밥 한 공기 뚝딱 비워낼
사과무생채

| 재료 |
무(사과 크기) 1토막
사과 1개
소금 1T
양파 1/2개
참기름 1T
참깨 적당량

| 양념 |
고춧가루 2T
다진 마늘 1T
식초 1T
까나리액젓 2T
참기름 1T
매실청 2T

1. 무는 껍질을 제거하고 채썰어줍니다. 사과는 껍질째 채썰어줍니다. 양파는 듬성듬성 썰어줍니다.
2. 볼에 채썬 무, 소금을 넣고 10분 이상 절인 뒤 물기를 꼭 짜줍니다.
3. 믹서에 절인 무 1줌, 듬성듬성 썬 양파를 넣고 곱게 갈아줍니다.
4. 볼에 곱게 간 무, 양파, 양념 재료를 모두 넣고 잘 섞은 뒤 나머지 절인 무, 채썬 사과를 넣고 버무려줍니다.
5. 그릇에 사과무생채를 담고 참기름을 두른 뒤 참깨를 뿌려줍니다.

비타민D와 면역력을 챙기는
속이 편한 반찬.

감칠맛과 아삭함이 한입 가득
3가지버섯오이볶음

| 재료 |

오이 1개
느타리버섯 2줌
미니 새송이버섯 5개
표고버섯 2개
굵은 소금 1T
생들기름 2T
소금 약간
후추 약간

1. 오이는 먹기 좋게 스틱 모양으로 잘라줍니다. 느타리버섯은 잘게 찢어줍니다. 미니 새송이버섯, 표고버섯은 먹기 좋게 썰어줍니다.
2. 볼에 오이 스틱, 굵은 소금을 넣고 10분간 절인 뒤 물기를 꼭 짜줍니다.
3. 달군 팬에 잘게 찢은 느타리버섯, 먹기 좋게 썬 미니 새송이버섯, 표고버섯을 넣고 볶아줍니다.
4. 버섯의 숨이 죽으면 절인 오이를 넣고 살짝 볶아줍니다.
5. 불을 끄고 생들기름, 소금, 후추를 넣고 버무립니다.

단백질, 항산화,
식이섬유를 한 번에 챙기는
영양 볶음.

짭짤함과 달콤 아삭한 풍미
굴비트봄동볶음

| 재료 |

비트 1/4개
봄동 6잎
굴 100g
다진 마늘 1T
생강술 3T
소금 3꼬집
후추 3꼬집
라임즙 2T
생들기름 2T

1. 비트는 껍질을 벗기고 깍둑썰기해줍니다. 봄동은 뿌리를 자르고 먹기 좋게 썰어줍니다.
2. 달군 팬에 굴, 다진 마늘을 넣고 볶다가 굴에서 물이 나오면 깍둑썰기한 비트를 넣고 볶아줍니다.
3. 굴이 반쯤 익으면 생강술, 소금, 후추를 넣고 볶아줍니다.
4. 먹기 좋게 썬 봄동을 넣고 숨이 죽을 때까지 볶아줍니다.
5. 불을 끄고 라임즙, 생들기름을 넣은 뒤 버무려줍니다.

베타카로틴, 식이섬유, 무기질을
고루 담은 면역력 챙기는
샐러드 반찬.

손과 발을 따뜻하게 해주는
연근채소찜

| 재료 |
당근 1/2개
연근 1/2개
양배추 200g
생들기름 2T
소금 1~2꼬집
후추 1~2꼬집

1. 당근, 연근은 필러로 얇게 슬라이스해줍니다. 양배추는 채썰어줍니다.
2. 찜기에 슬라이스한 당근, 연근, 채썬 양배추 2줌을 넣고 10분간 쪄줍니다.
3. 그릇에 찐 당근, 연근, 양배추를 담고 생들기름을 두른 뒤 소금, 후추를 뿌려줍니다.

칼슘과 오메가 3가
풍부해 뼈와 혈관을
건강하게 해주는 구이.

꽉 찬 알에서 느껴지는 진한 고소함과 향긋함의 별미
셀러리잎열빙어구이

| 재료 |

열빙어 5마리
올리브오일 약간
셀러리 잎 2줌
소금 약간
레몬즙 2T
후추 약간

1. 열빙어는 소창 행주로 물기를 닦아줍니다.
2. 달군 팬에 올리브오일을 두른 뒤 열빙어를 넣고 앞뒤로 노릇하게 구워줍니다.
3. 달군 팬에 올리브오일을 두른 뒤 셀러리 잎, 소금을 넣고 셀러리 잎의 숨이 죽을 때까지 볶아줍니다.
4. 셀러리 잎의 숨이 죽으면 구운 열빙어를 넣고 살짝 더 구워줍니다.
5. 불을 끄고 레몬즙을 두른 뒤 후추를 뿌려줍니다.

피로가 풀리는 따뜻하고 든든한 맛

섬초무스테이크

식이섬유 가득한 무와 철분 풍부한 섬초, 계란으로 채운 균형 잡힌 한끼에요.
속은 촉촉하고 겉은 노릇하게 익은 무, 철분과 엽산이 풍부한 제철 섬초,
반숙 프라이가 합해져 그야말로 '식물성 스테이크'가 완성됩니다.
씹을수록 단맛이 배어나오는 무와 새콤한 토마토, 입안을 감싸는 고소한 생들기름 향이 조화를 이루며
건강한 포만감을 안겨줘요. 다이어트를 하거나, 고기 없이도 든든한 식사를 찾는 분에게
적극 추천하는 레시피에요. 제철 섬초가 보이면 꼭 한 번 드셔보세요.

| 재료 |

무 2토막, 토마토 1개, 섬초 2뿌리, 올리브오일 약간, 레몬즙 2T,
생들기름 3T, 소금 3꼬집, 후추 3꼬집, 계란 1개

1. 무는 1cm 두께로 썰고 소창 행주로 물기를 닦은 뒤 한쪽 면을 격자무늬로 자잘하게 칼집내줍니다. 토마토는 먹기 좋게 썰어줍니다. 섬초는 잔뿌리만 제거하고 깨끗하게 씻은 뒤 열 십자(+) 모양으로 잘라줍니다.
2. 달군 팬에 올리브오일을 두른 뒤 무의 칼집낸 부분이 바닥을 향하게 놓고 살짝 구워줍니다.
3. 먹기 좋게 썬 토마토를 넣고 앞뒤로 노릇하게 구워줍니다. 이때 무도 앞뒤로 노릇하게 구워줍니다.
4. 무가 어느 정도 익으면 섬초, 레몬즙, 생들기름, 소금, 후추를 넣고 볶아줍니다.
5. 그릇에 구운 무, 토마토, 볶은 섬초를 담아줍니다.
6. 달군 팬에 올리브오일을 두른 뒤 계란프라이를 해줍니다.
7. 구운 무, 토마토, 볶은 섬초에 계란프라이를 올려줍니다.

담백하고 깊은 맛을 선사하는

채소두부조림

두부 요리 좋아하세요? 다양한 두부 요리를 좋아한다면 식단을 건강하게 유지하고 있을 확률이 높습니다. 반대로 두부와 친하지 않다면 두부를 좋아하도록 노력해보세요. 이렇게 든든하고 맛있는 걸 왜 이제 알게 되었을까 하는 생각이 들 거예요. 채소두부조림은 두부와 쉽게 친해질 수 있는 레시피입니다. 냉장고 속 남아 있는 채소들을 적극 활용해도 좋아요.

| 재료 |
두부 200g, 당근 1/2개, 양배추 200g, 셀러리 잎 1줌, 양파 1개, 올리브오일 약간
밥새우 1T, 통 들깨 1T, 파슬리가루 약간

| 양념 |
다진 마늘 1T, 물 50mL, 간장 2T

1. 두부는 약간 두텁게 썬 뒤 소창 행주로 물기를 빼줍니다. 당근은 필러로 얇게 슬라이스해줍니다. 양배추는 채썰어줍니다. 셀러리 잎은 먹기 좋게 자릅니다. 양파는 2등분한 뒤 반달썰기해줍니다.
2. 볼에 양념 재료를 모두 넣고 잘 섞어줍니다.
3. 달군 팬에 올리브오일을 두른 뒤 물기 뺀 두부를 넣고 노릇하게 구워줍니다.
4. 노릇하게 구운 두부 위에 채썬 양배추 2줌, 슬라이스한 당근, 반달썰기한 양파, 먹기 좋게 자른 셀러리 잎을 올리고 양념을 두른 뒤 뚜껑을 닫고 중약불에서 끓여줍니다.
5. 채소의 숨이 죽으면 불을 끄고 밥새우, 통 들깨, 파슬리가루를 뿌려줍니다.

한입 두입 먹다가 국물까지 싹싹 비우는 맛

닭봉간장조림

닭요리를 볼 때마다 영화〈집으로〉가 생각이 납니다. 영화에 나오는 손자는 할머니가
정성껏 끓여준 백숙을 '물에 빠진 닭'이라며 '치킨'이 먹고 싶다고 투정을 부리죠?
아이들이나 좋아할 법한 음식인데 어른이 되어서도 치킨은 여전히 맛있는 음식이에요.
저는 기름에 바삭하게 튀긴 닭이 생각나면 다진 마늘로 밑간을 하고 채소를 듬뿍 올려 간장조림으로 만들어
먹어요. 국물까지 싹싹 비우게 되는 맛. 먹어본 맛이 가장 무섭다고 하는데 정말 그런 맛이에요.

| 재료 |
닭봉 500g, 양배추 200g, 양파 1개, 감자 1개, 당근 1개, 파슬리 약간

| 밑간 |
다진 마늘 1T, 생강술 1T, 소금 3꼬집, 후추 3꼬집

| 양념 |
물 150mL, 간장 5T, 매실청 3T

1. 닭봉은 깨끗하게 씻은 뒤 소창 행주로 물기를 빼줍니다. 양배추, 양파는 먹기 좋게 썰어줍니다. 감자는 4등분한 뒤 얇게 나박썹니다. 당근은 세로로 2등분한 뒤 어슷하게 썰어줍니다.
2. 볼에 닭봉, 밑간 재료를 모두 넣고 잘 버무린 뒤 냉장고에 넣어 30분 이상 재워줍니다.
3. 볼에 양념 재료를 모두 넣고 잘 섞어줍니다.
4. 냄비에 나박썬 감자, 어슷하게 썬 당근, 먹기 좋게 썬 양배추 2줌, 양파, 밑간한 닭봉을 넣고 양념을 부어줍니다.
5. 뚜껑을 덮고 한소끔 끓인 뒤 중약불에서 닭봉이 익을 때까지 20분간 더 끓여줍니다. 이때 채소와 닭봉이 눌어붙지 않게 중간중간 저어줍니다.
6. 그릇에 닭봉간장조림을 담고 파슬리를 뿌려줍니다.

○ 톡톡 정보

생강술이 없다면 맛술로 대체해도 됩니다.

비린내는 잡고 고소함은 살린 중독성 있는 맛

삼치조림

청양고추와 생강의 톡 쏘는 매운맛이 매력적인 간장 소스로 부드럽게 조려낸 삼치는
한입 베어 물었을 때 입안 가득 퍼지는 감칠맛이 일품입니다.
도톰한 살점에 스며든 생강 향을 음미하며 먹는다면 일주일에 한 번은 꼭 생각나는 반찬이 된답니다.
주먹밥을 곁들여 든든한 점심 메뉴로 추천드려요.

| 재료 |
삼치 4조각, 당근 1개, 양파 2개, 셀러리 잎 2줌, 전분가루 1~2T, 파슬리가루 약간

| 밑간 |
생강술 3T, 후추 4꼬집

| 양념 |
다진 청양고추 1T, 다진 생강 1T, 다진 마늘 1T, 물 100mL, 생강술 3T, 간장 4T

1. 삼치는 가볍게 헹궈주고 소창 행주로 물기를 닦아줍니다. 당근은 세로로 2등분한 뒤 어슷하게 썰어줍니다. 양파, 셀러리 잎은 채썰어줍니다.
2. 볼에 삼치, 밑간 재료를 모두 넣고 잘 버무린 뒤 10분 이상 재워줍니다.
3. 볼에 양념 재료를 모두 넣고 잘 섞어줍니다.
4. 재운 삼치에 전분가루를 묻혀줍니다.
5. 달군 팬에 올리브오일을 두른 뒤 삼치를 넣고 노릇하게 구워줍니다.
6. 어슷하게 썬 당근, 채썬 양파, 셀러리 잎을 넣고 양념을 뿌려줍니다.
7. 뚜껑을 덮고 중약불에서 당근이 익을 때까지 졸여줍니다.
8. 그릇에 삼치조림을 담고 파슬리가루를 뿌려줍니다.

○ **톡톡 정보**
- 전분가루를 삼치에 묻혀 구우면 전분이 양념을 흠뻑 빨아들여서 맛이 좋아집니다.
- 현미밥에 소금, 참기름을 넣고 주먹밥을 만들어 함께 드세요.

은근한 단맛이 감도는 도시락 반찬

마늘종무침과 주먹밥

식이를 바꾸기 전에는 삼겹살을 먹을 때 마늘종을 곁들임 채소처럼 함께 먹었어요.
된장에 찍어 한입 베어 물면 알싸한 맛이 기름진 고기의 느끼함을 잘 잡아주었거든요.
그때는 마늘종을 데치면 이렇게나 달달한 맛이 날 거라 생각하지 못했거든요.
저염된장으로 무쳐내도 좋고, 소금으로만 간해도 좋아요.

| 재료 |
마늘종 1줌, 소금 약간, 새우 1줌, 밥 1공기

| 밑간 |
밥새우 1줌, 통 들깨 1T, 참기름 약간, 소금 3꼬집

| 양념 |
통 들깨 1T, 저염된장 1T, 생들기름 1T

1. 마늘종은 3~5cm 길이로 썰어줍니다.
2. 냄비에 물 적당량을 넣고 한소끔 끓입니다. 물이 끓으면 소금, 마늘종을 넣고 살짝 데친 뒤 찬물에 씻어줍니다.
3. 냄비에 물 적당량을 넣고 한소끔 끓여줍니다. 물이 끓으면 새우를 넣고 데쳐줍니다.
4. 볼에 데친 마늘종, 새우, 양념 재료를 모두 넣고 버무려줍니다.
5. 볼에 밥, 밑간 재료를 모두 넣고 잘 버무린 뒤 동그랗게 뭉쳐 주먹밥을 만들어줍니다.
6. 그릇에 마늘종무침, 주먹밥을 담아줍니다.

심혈관 건강과
근육을 지키는 한 접시.

겉은 바삭 속은 촉촉, 비리지 않고 짭짤 고소한
고등어두부구이

| 재료 |
고등어 1/2미
두부 200g
올리브오일 약간

1. 고등어는 깨끗하게 씻은 뒤 소창 행주로 물기를 닦아줍니다. 두부는 도톰하게 썬 뒤 소창 행주로 물기를 빼줍니다.
2. 달군 팬에 올리브오일을 두른 뒤 고등어의의 껍질이 바닥을 향하게 놓고 구워줍니다.
3. 고등어의 한쪽 면이 익으면 뒤집어줍니다. 두부를 넣고 앞뒤로 노릇노릇하게 구워줍니다.

○ 톡톡 정보
   기호에 따라 소금, 후추, 레몬즙을 추가해도 됩니다.

야채와 소고기의
절묘한 조화.

담백한 고기와 함께 먹는
소고기와 명이나물겉절이

| 재료 |
감자 2개
당근 1개
명이나물 2줌
소고기 50g

| 양념 |
통 들깨 1T
생들기름 2T
소금 5꼬집
후추 5꼬집

1. 감자, 당근은 얇게 썰어줍니다. 명이나물은 먹기 좋게 썰어줍니다.
2. 달군 팬에 소고기를 구워줍니다.
3. 찜기에 얇게 썬 감자, 당근을 넣고 8분 이상 익혀줍니다.
4. 볼에 먹기 좋게 썬 명이나물, 생들기름, 소금, 후추, 통 들깨를 넣고 버무려줍니다.
5. 접시에 명이나물겉절이, 찐 감자, 당근을 담고 구운 소고기를 올려줍니다.

담백한 살코기에 아삭한 야채가 어우러진

닭고기오이냉채

무더운 날씨엔 기름지지 않으면서도 속이 든든한 요리가 필요하죠. 이 닭고기 오이냉채는 삶은 닭가슴살과 오이, 당근, 양파를 가볍게 절이고 버무려 만드는, 담백하면서도 시원한 여름 별미예요. 닭고기에서 나오는 단백질은 포만감을 높여주고, 오이와 양파, 당근은 체내 수분을 채우면서도 몸을 가볍게 해줍니다.
특히 미리 절인 오이의 아삭함과 참기름의 고소함이 어우러져 입맛을 잃기 쉬운 날에도 술술 들어가는 메뉴랍니다. 반찬으로도, 한 끼로도 손색없는 냉채 요리로 여름을 준비해보세요!

| 재료 |
오이 1개, 당근 1/2개, 작은 양파 1/2개, 닭가슴살 1개, 닭안심 2개
소금 0.5T, 참기름 1T, 참깨 적당량

| 육수 |
물 1L, 백숙용 육수 티백 1개

| 밑간 |
간장 1T, 식초 2T, 매실청 1T, 후추 3꼬집

1. 오이는 반달썰기해줍니다. 당근, 작은 양파는 채썰어줍니다.
2. 볼에 반달썰기한 오이, 소금을 넣고 5분 이상 절인 뒤 물기를 꼭 짜줍니다.
3. 냄비에 육수 재료를 모두 넣고 한소끔 끓인 뒤 닭가슴살, 닭안심을 넣고 삶아줍니다.
4. 백숙용 육수 티백, 삶은 닭가슴살, 닭안심을 꺼내 한 김 식힌 뒤 잘게 찢어줍니다.
5. 볼에 잘게 찢은 닭가슴살, 닭안심, 밑간 재료를 모두 넣고 버무려줍니다.
6. 채썬 당근, 양파를 넣고 한 번 더 버무려줍니다.
7. 절인 오이, 참기름, 참깨를 넣고 살짝 버무려줍니다.

해초오이국수와
곁들여 먹으면 꿀맛.

라이스페이퍼로 돌돌 말은
새우김만두

| 재료 |

두부 400g
자숙새우 1줌
셀러리 잎 1줌
소금 0.5T
후추 약간
참깨 적당량
라이스페이퍼 10장
김밥용 김 5장
올리브오일 적당량

1. 두부는 면포에 싸서 물기를 꼭 짜줍니다. 자숙새우, 셀러리 잎은 잘게 썰어줍니다.
2. 볼에 물기 짠 두부, 잘게 썬 자숙새우, 셀러리 잎, 소금, 후추, 참깨를 넣고 버무려 만두소를 만들어줍니다.
3. 따뜻한 물에 담갔던 라이스페이퍼 2장을 길게 깔고, 그 위에 김 1장을 얹은 뒤 만두소를 올리고 돌돌 말아줍니다.
4. 달군 팬에 올리브오일을 두른 뒤 앞뒤로 새우김만두를 앞뒤로 노릇하게 구워줍니다.

○ 톡톡 정보
셀러리 잎 대신 깻잎을 잘게 썰어 넣어도 좋아요.

식이섬유와 비타민을
버물린 반찬.

아삭함의 3단 콤보
삼색채소생채

| 재료 |
무 1/5개
당근 1개
오이 1개
소금 2T

| 양념 |
참깨 적당량
고춧가루 3T
다진 마늘 1T
식초 3T
까나리액젓 1.5T
참기름 2T
매실청 3T

1. 무, 당근은 얇게 채썰어줍니다. 오이는 껍질을 제거하고 세로로 길게 2등분한 뒤 어슷하게 썰어줍니다.
2. 볼에 채썬 무, 어슷하게 썬 오이, 소금을 넣고 10분 이상 절인 뒤 물기를 꼭 짜줍니다.
3. 볼에 절인 무, 오이, 채썬 당근, 양념 재료를 모두 넣고 버무려줍니다.

씹을 때마다 마늘향이 입혀진
고기의 육즙이 팡팡 터지며
깊은 풍미를 선사하는 요리.

부드러운 수육에 이색적인 소스가 만난
마늘수육

| 재료 |
수육용 돼지고기 1팩

| 육수 |
수육용 티백 1개
물 적당량

| 소스 |
마늘 1/2쪽
다진 마늘 0.5T
레몬즙 1T
생들기름 1T
매실청 1T

1. 마늘은 얇게 편으로 썰어줍니다.
2. 냄비에 육수 재료를 모두 넣고 한소끔 끓여줍니다. 육수가 끓으면 수육용 돼지고기를 넣고 40분 이상 삶은 뒤 건져내 한 김 식히고 얇게 썰어줍니다.
3. 볼에 편으로 썬 마늘을 비롯한 나머지 소스 재료를 모두 넣고 잘 섞어줍니다.
4. 그릇에 얇게 썬 수육을 담고 소스를 곁들여줍니다.

빨간 두부김치보다
맛과 건강에서
한 수 위.

겉은 바삭, 속은 부드럽고 따뜻한
백김치두부찜

| 재료 |
두부 400g
백김치 1/4포기
올리브오일 약간
물 100mL
참깨 약간

| 양념 |
다진 마늘 1T
까나리액젓 1T
생들기름 3T

1. 두부는 도톰하게 썬 뒤 소창 행주로 물기를 빼줍니다. 백김치는 먹기 좋게 썰어줍니다.
2. 볼에 먹기 좋게 썬 백김치, 양념 재료를 모두 넣고 버무려줍니다.
3. 달군 팬에 올리브오일을 두른 뒤 도톰하게 썬 두부를 넣고 앞뒤로 노릇하게 구워줍니다.
4. 구운 두부 위에 버무린 백김치, 물을 넣고 중약불에서 5분간 끓여줍니다.
5. 그릇에 백김치두부찜을 담고 참깨를 뿌려줍니다.

직접 만든 계란소스와 함께 먹는

닭가슴살스프링롤

봄이 오면 산뜻한 음식을 찾게 돼요. 스프링롤은 신선한 채소, 닭가슴살, 탱글한 새우를 라이스페이퍼에 말아서 먹는 음식입니다. 여기에 고소한 계란소스를 더하면 깊고 부드러운 풍미를 느낄 수 있어요.
기름에 튀기지 않아 담백하고, 채소와 단백질이 조화를 이루어 다이어트 간식이나 브런치,
손님 접대용으로도 그만이에요.

| 재료 |
오이 1/2개, 당근 1/2개, 양파 1/4개, 셀러리 2대, 사과 1/2개, 파프리카 1/2개,
닭가슴살 1덩이, 새우 1줌, 라이스페이퍼 10장

| 소스 |
견과류 1줌, 계란 2개, 레몬즙 4T, 생들기름 3T, 소금 3꼬집, 후추 3꼬집

1. 오이, 당근, 양파, 셀러리, 사과, 파프리카는 채썰어줍니다. 견과류는 잘게 부숴줍니다.
2. 냄비에 물 적당량을 넣고 한소끔 끓인 뒤 계란을 넣고 7~8분간 완숙으로 삶아줍니다.
3. 냄비에 물 적당량을 넣고 한소끔 끓인 뒤 닭가슴살을 넣고 삶아줍니다.
4. 삶은 닭가슴살을 꺼내 한 김 식힌 뒤 잘게 찢어줍니다.
5. 냄비에 물 적당량을 넣고 한소끔 끓인 뒤 새우를 넣고 데쳐줍니다.
6. 믹서에 부순 견과류를 비롯한 나머지 소스 재료를 모두 넣고 곱게 갈아줍니다.
7. 따뜻한 물에 담갔던 라이스페이퍼를 깔고 채썬 채소, 데친 자숙 새우, 잘게 찢은 닭가슴살을 올리고 돌돌 말아줍니다.
8. 그릇에 스프링롤을 담고 소스를 곁들여줍니다.

생선 요리와 함께 먹기 좋은
영양가 높은 밑반찬.

이국적인 향과 아삭함을 담은
셀러리당근장아찌

| 재료 |
셀러리 4대
당근 1개

| 절임액 |
마스코바도 100g
물 150mL
간장 100mL
식초 150mL

1. 셀러리, 당근은 어슷하게 썰어줍니다.
2. 냄비에 절임액 재료를 모두 넣고 한소끔 끓여줍니다.
3. 병에 어슷하게 썬 셀러리, 당근을 넣고 절임액을 부어줍니다. 실온에서 1~2일 숙성 시켜줍니다.

○ 톡톡 정보
- 맑은 맛이 좋다면 간장을 50mL만 넣어보세요.
- 시판용 김치, 장아찌류는 염분이 높기 때문에 다이어트 시 이 메뉴를 곁들임으로 추천해요.

지방은 적고 단백질이
풍부한 생선에
조화롭게 어우러진
깻잎의 향.

부드럽고 담백한 살이 특징인
벵고돔찜

| 재료 |
벵고돔 3마리
양파 1개
생강술
소금
후추

| 소스 |
깻잎 듬뿍
양파 1/2개
마늘 4알
식초 2T
생들기름 2T
소금 1/3T

1. 벵고돔을 깨끗하게 손질해줍니다. 양파는 얇게 채썰어줍니다.
2. 찜기에 벵고돔을 놓고 생강술, 소금, 후추를 뿌린 뒤 채썬 양파를 올려줍니다.
3. 찜기에 물이 끓어오르면 10분간 쪄줍니다.
4. 믹서에 소스 재료를 모두 넣고 곱게 갈아줍니다.
5. 그릇에 벵고돔찜을 담고 소스를 곁들여줍니다.

갱년기
피부 이야기

어느 날 샤워를 마치고 거울 앞에 섰는데, 온몸이 마치
회초리로 맞은 것처럼 붉게 부풀어 올랐더라고요.
처음에는 무의식중에 손으로 긁었나 싶었지만, 등까지
붉어져 있는 걸 보고 이상하다는 생각이 들었죠.
물기를 닦고 로션을 바르고 나니 조금씩 가라앉는 게
보이더라고요. '별일 아니겠지'라며 대수롭지 않게
넘겼는데, 다음 날 얼굴이 갑자기 부풀어 오르는
느낌이 들었어요. '왜 이러지?' 하며 거울을 보니
머리카락이 닿은 양쪽 볼이 붉게 달아오르고
열감이 느껴졌습니다. 불편한 느낌에 저도 모르게
자꾸 얼굴로 손이 가더라고요.
열감은 점점 더 심해지고 따갑기까지 했어요. 당장
할 수 있는 건 로션을 듬뿍 발라보는 것밖에 없더라고요.
다행히 얼마 지나지 않아 증상이 조금 가라앉았죠.
하지만 진짜 문제라고 알아차린 건 주말이었습니다.
오랜만에 미용실에 가서 머리를 자르고 있었는데,
마무리 작업을 하던 원장님이 갑자기 제 목을
유심히 보더라고요.

그러더니 "피부가 좀 이상해요."라고 말씀하셨어요.
거울을 비춰보니 목 뒤쪽 피부가 벌겋게 부풀고 갈라져
있더라고요. 그때부터 가려움증이 더 심해졌습니다.
목만 그런 게 아니었어요. 허리, 손목, 그리고 엄지와
검지 사이 관절 부위까지 가려움증이 번지더라고요.
그뿐이겠어요? 피부에는 수포가 생기고, 갈라지고,
피가 나기 시작했어요.
출혈이 멈춘 자리에는 딱지가 생기고,
딱지가 떨어질 때면 또다시 가려움증이 시작됐죠.
해가 지면 증상이 심해져서 잠을 제대로
이루지 못할 정도로 괴로웠습니다.
어찌나 힘든지 밤이 오는 게 무서울 정도였어요.

밤마다 가려움증이 심해졌던 건 몸이 해독을 하느라
그런 거였어요. 피부만큼은 튼튼하다고 자부하며
살아왔기에 이런 변화가 당황스러웠습니다. 다행히
지금은 흔적도 없이 깨끗해졌지만, 이 과정을 지나고
완전히 치유되기까지 2~3년 정도 고생한 것 같아요.
이 이야기를 들려드린 이유는 갱년기에 나타나는
피부 문제는 피부 자체의 문제가 아니라는 점을
알려드리고 싶어서예요.
'몸은 피부로 신호를 보낸다'는 점을 이해하는 것이
중요합니다. 저도 처음에는 원인을 알지 못해
고생했지만, 식단을 개선하고 체중을 줄이고
나서야 알게 된 셈이지요.

갱년기에 나타나는 피부 문제는 단순한 미용 문제가 아니라 몸 상태를 보여주는 지표와 같아요.

우리 몸은 생존을 위해 가장 중요한 장기에 수분을 제일 먼저 공급하고, 가장 안전한 곳에 지방을 저장합니다.

그런데 몸속 수분이 부족하면 피부에 있는 수분을 끌어
다 쓰게 되고, 그로 인해 피부 문제가 생기는 거죠.
갱년기 피부 문제는 단순한 외적인 문제가 아닙니다.
몸이 보내는 신호에 귀를 기울이고, 생활 습관을
개선하는 것이 문제점을 해결하는 첫걸음이에요.
피부가 보내는 메시지를 잘 이해하고,
건강하게 관리해보세요.

몸속 수분을
지키는 방법

몸속 수분을 지키는 건 나쁜 습관을 멈추는 것에서
시작합니다. 그다음으로는 천연 수분(과일과 야채)을
듬뿍 섭취해야 해요. 그리고 몸속 염증이 사라질 때까지
건강관리를 해야지요. 이렇게 해야만 몸이 다시
살아날 수 있습니다. 천연 수분을 꾸준히 채우고,
염증을 유발하는 식습관을 멈추면
피부가 맑고 촉촉해지고 에너지가 회복됩니다.
건강은 우리가 무엇을 먹고,
어떤 습관을 들이느냐에 따라 달라집니다.
지금부터라도 나쁜 습관을 멈춘다면
몸이 보내는 신호는 점점 더 긍정적으로 바뀔 거예요.
그러면 몸속 염증을 줄이기 위해 어떤 것을 해야 할까요.
기본적인 토대는 몸속 환경을 바꾸는 것이에요.
우리가 평소 아무렇지 않게 섭취하는 음식 중에도
염증을 유발하거나 악화시키는 원인이 숨어 있습니다.
다음 7가지 음식을 먹지 않으면 몸이 변화하기
시작할 거예요.

1. 육류, 가공육

육류와 소시지, 햄 같은 가공육은 과도한 포화지방과
첨가물이 포함되어 있어 염증을 유발할 수 있어요.
과도한 섭취는 장 건강에도 부정적인 영향을 미칩니다.

2. 술, 카페인

술과 카페인은 체내 수분을 빼앗아
몸을 건조하게 만들고, 간 해독에 부담을 줍니다.
간이 피로해지면 염증이 쉽게 생길 수 있어요.

3. 정제 설탕, 정제 소금

설탕과 소금은 지나치게 섭취하면 혈당과 혈압을
급격히 올리며 염증을 유발합니다. 특히 정제된 형태의
설탕과 소금은 몸에 큰 부담을 줍니다.

4. 정제 탄수화물

정제 탄수화물은 혈당을 급등시킵니다.
이는 염증 반응과 직접적으로 연결되지요.

5. 식품 첨가물

첨가물은 음식의 맛을 높여주지만,
장 건강을 손상시키고 염증을 유발할 수 있어요.
가공식품에는 첨가물이 많이 들어 있으니
성분표를 꼭 확인하세요.

6. 튀긴 음식

기름에 튀긴 음식은 산화된 지방이 포함되어 있어
염증을 악화시킵니다. 특히 재사용한 기름으로 만든
음식은 체내 독소를 증가시킬 위험이 큽니다.

7. 유제품

우유, 치즈, 요거트 같은 유제품은
일부 사람들에게 염증 반응을 일으킬 수 있어요.
특히 소화 기능이 약한 사람들에게는 위와
장에 불편함을 줄 수 있어요.

저도 커피와 빵, 과자를 좋아하는 편이에요.
그래서 안 먹는 게 쉽지 않더라고요.
이럴 땐 '한 번에 완전히 끊는 게 아니라
잠시 멀리하는 것이다'라는 마음으로 접근해보세요.
잠시 멈춤을 시도하면 몸 상태가 나아지고,
몸이 회복되면 자연스럽게 섭취량을 조절할 수 있는
단계에 이르거든요.

**완벽함을 목표로 하기보다는
작은 변화부터 실천하는 것이 중요합니다.
좋아하는 음식을 끊으려는 압박감에 지치지 말고,
한 주에 하나씩 멈춰보는 식으로
가볍게 시작해보세요.**

이 과정에서 몸이 어떻게 반응하는지 관찰하며
변화를 느끼는 것도 큰 동기부여가 될 거예요.
멈추는 것은 끝이 아니라, 나를 위해 잠시 멈춰 서는
쉼표 같은 과정입니다.
다음 3단계를 따라 하면 몸의 변화를 체감하며,
스스로 조절할 수 있는 건강한 상태에
점차 가까워질 거예요.

1단계,
일주일간 멈추기

처음부터 완벽히 잘하려는 마음을 내려놓으세요.
그저 하루 혹은 일주일 동안 특정 음식을
멈춰본다고 생각하세요.
내가 자주 섭취했던 음식이나 음료를
잠깐 멈추는 겁니다.
이 기간은 몸이 어떻게 반응하는지 관찰하는
중요한 시간이 될 거예요.

2단계,
에너지가 충만하다고 느껴질 때까지 유지하기

몸의 변화를 느꼈다면
그 상태를 조금 더 유지해보세요.
피부가 맑아지고, 피로감이 줄어들며,
속이 더부룩하지 않음을 느낄 거예요.
이 단계에서는 내가 어떤 음식을 멈췄을 때
효과가 있었는지 깨닫고,
자연스럽게 건강한 선택을
이어가게 됩니다.

3단계,
스스로 조절 가능한 상태에 도달하기

마지막 단계는 자신만의 속도와 방식으로 음식을
조절하는 상태에 도달하는 것입니다.
무엇이 몸에 좋은지, 어떤 것이 염증을 유발하는지
알게 되었으니, 특정 음식을 완전히 끊지 않아도
조절하는 능력을 키울 수 있습니다.
건강한 식습관이 일상이 되는 순간, 더 이상 무리하지
않아도 몸이 스스로 균형을 맞출 거예요.

제가 알려드린 방법을 시도해보면 가장 먼저 안색이
맑아지고, 차츰 홍조가 사라지는 변화를 느낄 수
있을 거예요. 가렵던 부위도 점점 진정되고,
피부와 모발에 윤기가 돌아 생기가 더해질 겁니다.
기미로 고민하는 분도 많죠.
기미는 멜라닌 색소가 특정 부위에 집중적으로
생성되면서 발생합니다. 이는 피부가 수분을 잃고,
내외부 환경에 취약해진 부위를 보호하기 위해
스스로 색소를 만들어내는 자연스러운 방어 과정이에요.
수분 부족은 피부를 보호하는 방어막을
약화시키고 색소 침착을 유발합니다.
이런 상태가 반복되면 기미는 점점 짙어지고,
더 넓게 퍼질 수 있어요.

하지만 체내 수분을 회복하고
염증이 줄어들면 피부 상태는 놀라울 정도로
개선됩니다. 기미뿐만 아니라 다른 다양한 문제들이
해결되기 시작하죠. 작은 변화에도 피부는
나아지는 모습을 보여줄 거예요.
건강한 식습관과 충분한 수분 섭취는 피부와
몸의 균형을 되찾는 열쇠입니다.
나를 위해 오늘부터 시작해보세요.
건강한 몸과 깨끗한 피부는 작은 실천에서 비롯됩니다.
당신의 피부가 보내는 긍정적인 신호를
느낄 준비가 되셨나요?

#2   자극은 줄이고 영양은 더하는
　　　따뜻한 국

피로를 깨우는 따뜻한
보양 한 그릇.

맑고 깊은 국물에 담백한 살코기의 조화

닭미역국

| 재료 |
건미역 20g
닭 1마리
다진 마늘 0.5T
멸치액젓 1.5T
쑥소금 약간

| 육수 |
물 1L
백숙용 육수 티백 1개

1. 건미역은 물에 담가 30분 이상 불린 뒤 물기를 꼭 짜줍니다.
2. 냄비에 육수 재료를 모두 넣고 한소끔 끓인 뒤 닭을 넣고 40분간 더 끓여줍니다. 백숙용 육수 티백, 닭을 건져내 한 김 식힌 뒤 살을 발라줍니다.
3. 볼에 불린 미역, 다진 마늘, 멸치액젓을 넣고 버무려줍니다.
4. 육수에 버무린 미역, 쑥소금을 넣고 10~15분간 끓여줍니다.
5. 그릇에 미역국을 담고 발라낸 살코기를 올려줍니다.

들깨의 오메가3,
미역의 미네랄이 만난
위 건강 영양식.

고소함이 일품인 깊은 국물 맛
들깨미역국

| 재료 |
건미역 20g
다진 마늘 1T
어간장 2T
생들기름 3T
들깻가루 2T

| 육수 |
얼큰다시팩 1개
물 500mL

1. 건미역은 물에 담가 30분 이상 불린 뒤 물기를 꼭 짜줍니다.
2. 냄비에 육수 재료를 모두 넣고 한소끔 끓인 뒤 불린 미역, 다진 마늘, 어간장을 넣고 중불에서 15분 이상 더 끓여줍니다.
3. 불을 끄고 생들기름, 들깻가루를 넣어줍니다.

○ 톡톡 정보
어간장 대신 액젓을 사용해도 되고, 입맛에 따라 국간장 1T를 추가해도 좋습니다.

식이섬유와
단백질을 채우고
장은 가볍게
속은 편하게.

진한 고소함을 후루룩
우뭇가사리병아리콩국

| 재료 |
우뭇묵 200g
삶은 병아리콩 4T
견과류 1줌
소금 2꼬집
물 350mL
채썬 적양배추 약간

1. 우뭇묵은 깨끗하게 씻은 뒤 물기를 빼줍니다.
2. 믹서에 삶은 병아리콩, 견과류, 소금, 물을 넣고 곱게 갈아줍니다.
3. 그릇에 곱게 간 병아리콩물을 담고 우뭇묵, 채썬 적양배추를 올려줍니다.

○ **톡톡 정보**
우뭇가사리는 묵 또는 국수 형태로 된 것이 있어요. 취향에 따라 준비하면 됩니다.

봄 내음 가득한 따뜻한 국물

연근봄동들깨탕

저희 할머니는 어린 제게 고깃국 대신 연근국을 끓여주셨어요.
고기는 없지만 국물은 시원했고, 먹고 나면 배는 든든한데, 속은 편안했지요.
그 국에 달큰한 봄동과 들깻가루를 넣어 더 깊은 맛의 국물을 만들었어요.
국물 좋아하는 사람도 흡족할 '연근봄동들깨탕' 한 그릇. 마음까지 따뜻해지는 하루의 식사예요.

| 재료 |
연근 1개, 봄동 8잎, 저염된장 1T, 어간장 1T, 들깻가루 2T

| 육수 |
물 500mL, 멸치육수 티백 1개

1. 연근을 껍질을 제거하고 가로로 2등분한 뒤 필러로 길게 슬라이스해줍니다. 봄동 잎은 세로로 길게 자른 뒤 먹기 좋게 썰어줍니다.
2. 냄비에 육수 재료를 모두 넣고 한소끔 끓여줍니다.
3. 슬라이스한 연근, 저염된장을 넣고 잘 풀어준 뒤 한소끔 더 끓여줍니다.
4. 먹기 좋게 썬 봄동을 넣고 이파리가 흐물흐물해질 때까지 끓인 뒤 멸치육수 티백을 건져냅니다.
5. 어간장을 넣고 살짝 더 끓인 뒤 불을 꺼줍니다.
6. 들깻가루를 넣고 잘 저어줍니다.

식이섬유, 식물성 단백질,
미네랄이 고루 담긴
가벼운 회복식.

부드럽게 속을 풀어주는 맑은 탕
취나물맑은순두부국

| 재료 |
취나물 1줌
무 1토막
다진 마늘 1T
새우젓 1T
순두부 1봉지

| 육수 |
물 500mL
멸치육수 티백 1개

1. 취나물은 흐르는 물에 깨끗하게 씻어줍니다. 무는 얇게 나박썰기해줍니다.
2. 냄비에 육수 재료를 모두 넣고 한소끔 끓여줍니다.
3. 나박썬 무, 다진 마늘, 새우젓을 넣고 무가 투명하게 익을 때까지 끓인 뒤 멸치육수 티백을 건져냅니다.
4. 순두부를 넣고 한소끔 끓인 뒤 취나물을 넣고 숨이 죽을 때까지 끓여줍니다.

순한 단백질과
미네랄이 가득한 부드러운
보양식.

아침에 먹어도 부담 없는 한 그릇
계란김순두부국

| 재료 |
김밥용 김 2장
순두부 1봉지
계란 2개
소금 2꼬집
후추 2꼬집
볶은 깨 약간

1. 김밥용 김은 먹기 좋게 잘라줍니다.
2. 냄비에 순두부를 넣고 끓여줍니다.
3. 순두부가 끓어오르면 계란을 넣어줍니다. 이때 계란은 풀어주지 않습니다.
4. 먹기 좋게 자른 김밥용 김, 소금, 후추를 넣고 노른자가 익을 때까지 끓여줍니다.
5. 불을 끄고 깨를 뿌려줍니다.

무에 들어 있는 소화효소와 미네랄이 위에 자극을 주지 않는 순한 국.

예민해진 몸을 다독이는 따뜻한 국물

무채국

| 재료 |
무 1/4개
멸치액젓 3T
국간장 1T

| 육수 |
물 500mL
멸치육수 티백 1개

1. 무는 얇게 채썰어줍니다.
2. 냄비에 육수 재료를 모두 넣고 한소끔 끓여줍니다.
3. 채썬 무, 멸치액젓을 넣고 무가 투명해질 때까지 끓여준 뒤 국간장을 넣고 한소끔 더 끓여줍니다.

식이섬유와
건강한 지방이 듬뿍
면역력 올리는 따뜻한
한 그릇.

속 편한 미네랄 보양식
버섯들깨탕

| 재료 |
새송이버섯 2개
느타리버섯 1개
다진 마늘 1T
멸치액젓 2T
국간장 1T
생들기름 3T
들깻가루 2T

| 육수 |
물 500mL
멸치육수 티백 1개

1. 새송이버섯은 필러로 얇게 슬라이스해 줍니다. 느타리버섯은 먹기 좋게 찢어줍 니다.
2. 냄비에 육수 재료를 모두 넣고 한소끔 끓 인 뒤 멸치육수 티백을 건져냅니다.
3. 슬라이스한 새송이버섯, 먹기 좋게 찢은 느타리버섯, 다진 마늘, 멸치액젓, 국간장 을 넣고 한소끔 끓여줍니다.
4. 버섯의 숨이 죽으면 불을 끄고 생들기름, 들깻가루를 넣고 잘 섞어줍니다.

정서적 안정감을
가지는 방법

갱년기에는 호르몬의 영향으로 본인의 의지와
상관없이 우울감, 불안감, 짜증이 예고 없이 찾아와요.
심할 때는 낯선 내 모습과 마주하기도 하지요.
이런 정서적 변화는 가족과 직장 등 사회적 관계에
좋지 않은 영향을 미치고 내 탓을 하기에 이릅니다.
저 또한 마찬가지였어요.
하지만 이대로 우울감에 갇혀 살 순 없잖아요.
그래서 해결방안을 찾기 시작했습니다.
아마 갱년기가 아니었다면 깨닫지 못했을 거예요.
그래서 지금은 갱년기가 왔음에
감사한 마음이 들기도 합니다.
제가 찾은 방법은 세로토닌과 엔돌핀과 같은
기분조절 호르몬을 분비하고, 스트레스로 인한
코르티솔 수치를 감소시켜줘요.
신기하게도 이것을 하고 나면 자신감도 상승한답니다.
이것은 무엇일까요?
힌트는 제가 매일 반려견 레오,
리하와 함께 하는 것입니다.

네, 맞아요! 산책이에요.

때론 반려견과 나가는 산책이 의무감이 될 때도 있어요.

그래서 몸이 좋지 않거나

기분이 착 가라앉은 날이면 산책을 나가지 않을

이유를 백만 가지는 찾게 되지요.

사실 이럴 때 더 나가야 해요. 몸이 힘들수록 밖으로

나가 자연을 만끽하고 거닐어야 해요.

꼭 기억해두세요.
기분을 안정시키기 위해서는
몸을 움직여야 합니다.

'내가 왜 이러지?',

'내 기분이 왜 이렇게 좋지 않지?'

싶을 때는 무조건 나가세요.

가능하면 흙을 밟고 나무가 있는 자연으로 가세요.

매일 30분 걷기 운동은 기분을 안정시키기 위한

특효약입니다.

산책을 할 때는 자세를 바르게 하고,

호흡을 일정하게 가지며 몸 구석구석으로

숨을 실어 보내세요.

별거 아닌 것 같지만 엄청난 효과가 있어요.

나의 집중력을 방해할 핸드폰은

멀리하는 게 좋겠죠?

우연한 계기로 쉽지 않다는 갱년기 다이어트를

성공한 뒤 레시피와 갱년기를 대하는

저의 생각들을 공유해왔어요.

감사하게도 많은 분이 제 이야기에 공감을 해주어서

SNS 팔로워도 많이 늘었습니다.

여러분 덕분에 지치거나 방심하지 않고

건강한 상태를 유지할 수 있었죠.

'몸'이 건강해지니 '뇌 건강'에도 관심을 두게 되더라고요.

뇌 건강은 육체적 건강과 정신적 건강을

최상으로 유지할 수 있게 도와줘요.

저는 '해보지 않은 일'을
하는 것으로 뇌를 깨웠어요.
우리의 뇌는 한 번도
해보지 않은 생각과 행동을 할 때
혈액이 공급되지 않았던
뇌 부위에도 혈류가 흐르게
된답니다.

#3

단맛은 줄이고 영양은 높인
간편한 간식

한 잔만 마셔도
온몸이 노곤노곤해지는 기분.
면역력 올리는 보양차.

감기가 똑 떨어지는 달콤하고 칼칼한 맛
생강계피차

| 재료 |
생강 3개
계피 6개
물 2L

1. 생강은 껍질을 제거하고 깨끗하게 씻어준 뒤 편으로 썰어줍니다.
2. 냄비에 편으로 썬 생강, 계피, 물을 넣고 강불에서 끓여줍니다.
3. 물이 한소끔 끓으면 중불에서 45분 이상 끓여줍니다.

○ 톡톡 정보
- 차를 다 마시면 물을 더 넣어서 여러 번 끓여 먹어도 됩니다.
- 생강 특유의 매운맛이 부담스럽다면 비정제 설탕인 '마스코바도'를 약간 넣어 매운맛을 중화시키는 것도 좋은 방법이에요.

수삼의 사포닌과
두유 단백질이 만나
피로를 덜어주는
기력 회복 한 잔.

부드럽게 넘어가는 활력 음료
수삼두유

| 재료 |
두부 150g
수삼 1줌
물 200mL
소금 3꼬집

1. 끓는 물에 두부를 데쳐줍니다.

2. 믹서에 데친 두부, 수삼, 물, 소금을 넣고 곱게 갈아줍니다.

비타민 A가 가득 든
찹쌀로 만든 영양 간식.

달콤하고 쫀쫀한 당근의 변신

당근찹쌀쿠키

| 재료 |
당근 1/2개
계란 1개
찹쌀가루 3~4T
소금 1꼬집
올리브유 약간

1. 믹서에 당근, 계란을 넣고 곱게 갈아줍니다.
2. 볼에 간 반죽, 찹쌀가루, 소금을 넣고 잘 섞은 뒤 손으로 치대며 반죽을 해줍니다.
3. 반죽을 4등분으로 나눈 뒤 각각 동글납작하게 모양을 내줍니다.
4. 달군 팬에 올리브유를 두른 뒤 반죽을 올리고 약불에서 앞뒤로 노릇하게 구워줍니다.

브로콜리, 바나나, 호두가
어우러진 맛있는
건강 간식.

폭신하지만 영양가는 단단한
브로콜리바나나계란빵

| 재료 |

브로콜리 1/3개
계란 2개
바나나 1개
호두 1줌
마스코바도 1T
소금 4꼬집
찹쌀가루 2T
올리브오일 약간
라이스페이퍼 10장

1. 브로콜리는 먹기 좋게 썰어줍니다.
2. 믹서에 브로콜리 1줌, 계란, 바나나, 호두, 마스코바도, 소금을 넣고 곱게 갈아줍니다.
3. 볼에 곱게 간 반죽, 찹쌀가루를 넣고 잘 섞어줍니다.
4. 달군 팬에 올리브오일을 두른 뒤 키친타월로 살짝 닦아줍니다.
5. 라이스페이퍼를 놓고 그 위에 반죽을 부은 뒤 약불에서 15분, 뒤집어서 10분 구워줍니다.

고민 상담소

전선생에게 물었습니다

Q 먹는 양보다 뱃살 느는 속도가 더 빨라요.

먹는 양보다 뱃살 느는 속도가 더 빠른 것 같아요. 운동, 식단 조절 같은 정보도 많이 모으고, 직접 해보기도 했는데 말짱 도루묵이네요. 도와주세요!

A 몸의 언어를 들어야 할 타이밍이에요.

지금은 다이어트 정보 말고 내 몸의 언어를 들어야 할 시간이에요. 갱년기에 접어들면 여성호르몬이 줄어들어요. 이 여성호르몬은 폐경 전에는 난소에서 주로 생산되고, 폐경 후에는 지방조직과 부신에서 소량 생산하게 됩니다. 급격히 살이 쪘다면 몸이 '보호기전(생존본능)'을 발동했기 때문입니다.

몸은 인생 후반기를 맞이하는 과정을 준비하고 있는데, 살을 뺀다고 식사량을 평소보다 극단적으로 줄인다면 지방이 아닌 근육이 사라지게 돼요. 이 방법은 다이어트의 가장 잘못된 예시입니다. 좋은 식재료로 건강하게 조리하고 충분히 먹어야 근육은 지키고, 체지방은 빠진답니다.

급격하게 뱃살이 생기고, 뭘 해도 잘 안 빠진다면 '간헐적 단식'을 시작하세요. 우리 몸의 해독 시간은 하루 두 번이에요. 첫 번째 해독 시간은 아침부터 정오 전까지입니다. 이 시간에는 과일·야채로 수분을 충분히 섭취해주세요. 두 번째 해독 시간은 오후 7시부터예요. 그렇다고 이 시간까지 마음껏 먹어선 안 돼요. 오후 5시까지 섭취한 음식물을 소화하고 본격적인 해독 작용을 하는 게 오후 7시입니다. 그러니 오후 5시까지 식사를 마무리하고, 오후 7시부터는 물만 드세요. 처음 2~3일은 배가 고플 수 있지만, 다음 날 일어났을 때 몸이 가볍고 상쾌한 기분을 느낀다면 공복 시간에 익숙해지고 즐길 수도 있어요.

간헐적 단식으로 늦은 저녁 한 끼를 푸짐하게 먹는 분이 있어요. 뱃살은 저녁 늦게 먹은 음식으로 만들어져요. 그러니 식사는 되도록 오후 5시 이전에 끝내도록 하세요. 폭식하듯 종일 굶다가 한 번에 많은 음식을 먹는다면 몸은 그 음식을 모두 지방으로 저장합니다. 지금 아니면 또 언제 먹을지 모르니 에너지를 지방으로 저축하는 것이지요. 정리하자면 식사는 시간을 지키고, 적당히 먹되 오후 7시 이후로는 금식이란 걸 기억하세요.

금식을 하려 했지만 자꾸 음식이 생각난다면 스스로에게 질문해보세요. '최근에 긴장되는 일이 있었나?', '힘든 일을 겪었나?', '고립된 생활을 하거나 외로운가?'. 우리 몸은 감정과 연결되어 있어요. 감정이 건강하다면 몸도 기운을 차리게 되니 내 감정을 돌봐주세요.

뱃살을 빼겠다고 갑자기 고강도 운동을 하는 분이 있어요. 그것보다는 일상에서 자주 움직이는 생활 습관을 추천합니다. 부지런히 자주 움직이세요.

Q 유방암으로 호르몬제를 먹고 있어요. 운동과 식단을 어떻게 해야 할까요?

호르몬제를 먹고 있어서 그런지 덥다 추웠다 해요. 중성지방 수치는 떨어지지 않고 운동해도 살이 안 빠져요. 운동과 식단은 어떻게 하나요?

A 호르몬제를 복용하면 체지방이 늘어날 수 있어요.

호르몬제는 몸의 리듬을 흔들고 에너지 밸런스를 깨뜨리면서 체지방을 증가시키는 부작용이 있어요. 호르몬제를 복용하고 있는 지금 '결과'에 집착하지 말고 '내 몸과 친해지는 과정'에 집중해보세요. 꾸준한 움직임과 영양이 쌓이면 반드시 몸도 마음도 좋아집니다.

체온 변화는 몸의 신호로 받아들이세요. 더웠다 추웠다 하는 것은 호르몬제의 복용과 상관없이 갱년기에 나타나는 흔한 증상 중 하나입니다.

식단은 몸이 진짜 필요로 하는 영양소를 채워주는 게 중요합니다. 신선한 야채, 양질의 단백질, 오메가3가 풍부한 생들기름을 견과류와 함께 드시고, 염증 수치를 높이는 7가지 식품 섭취를 멈춰주세요. 특히, 중성지방 수치가 높다면 당류와 알코올은 반드시 피해야 합니다.

운동은 산책, 스트레칭, 가벼운 맨몸 운동처럼 몸의 에너지를 높여주는 것이 좋습니다. 몸에 활력이 생기면 근육을 키우는 운동으로 전환하여 체지방을 줄이고 기초대사량을 올리세요. 식사는 다음과 같이 해보세요.

아침 • 공복에 따뜻한 물 1컵
　　　 • 과일·야채 샐러드 + 견과류 + 생들기름
점심 • 7가지 금지 식품을 제외한 일반식
간식 • 복합탄수화물과 삶은 계란 등
저녁 • 금식
기타 • 오후 7시 이후 금식 또는 따뜻한 보리차, 옥수수차

Q 다 같이 식사 중인데 저만 땀으로 목욕해요. 밥을 먹을 때마다 땀이 자꾸 흘러요.

언제부턴가 밥을 먹을 때마다 땀이 너무 흘러요. 이제는 땀으로 목욕을 한다고 해도 믿을 정도예요. 얼굴은 왜 이렇게 빨개지는지요. 손가락 마디마디도 쑤시고요. 화병처럼 속에서 천불이 오르기도 한답니다.

A 몸속이 매우 건조할 때 나타나는 증상이에요.

이런 증상은 흔한 갱년기 신호 중 하나입니다. '내가 왜 이러지?'라며 자책하지 말고, 나를 돌봐주세요. 갱년기의 열감은 호르몬의 변화 때문입니다. 홍반과 관절 통증은 몸속이 매우 건조할 때 나타나는 증상이에요. 이럴 때는 천연 수분을 충분히 공급해줘야 해요. 그리고 속이 편한 저자극의 음식을 먹어야 해요. 저염, 저당, 소량씩 자주 먹기, 카페인과 알코올 금지, 생들기름, 브로콜리, 가지, 생강, 토마토 등을 섭취해주세요. 속에서 천불이 오르는 느낌은 몸과 마음이 보내는 신호입니다. 스트레스 관리에 집중해보세요. 호흡, 명상, 산책, 요가 등이 도움이 될 거예요. 불편한 상태를 억누르려 하지 말고 '내 몸이 보내는 메시지'로 받아들이면서 천천히 맞춰가면 돼요.

아침
- 공복에 따뜻한 물 1컵
- 과일·야채 샐러드(호두 견과류) 또는 고구마두부수프.

점심
- 강황밥, 녹차밥, 야채찜. 나물, 생선, 두부 등
- 국물류, 찌개류 금지

저녁
- 금식

기타
- 오후 7시 이후 금식 또는 따뜻한 보리차, 옥수수차 마시기
- 적당히 땀이 날 때까지 하루 30분 유산소 운동 및 근력 운동하기

Q 호르몬을 복용한 지 4년이 됐어요. 체중은 정상인데 체지방이 많대요. 어떻게 해야 할까요?

불면증, 감정 기복이 심해져서 상담 후 호르몬제를 먹기 시작했어요. 병이 언제 나을지 모르니 당분간 호르몬제도 계속 복용해야 해요. 요즘 호르몬제에 내성이 생겼는지 다른 날보다 더운 여름에 불면증이 더 심해졌어요. 열감

은 갈수록 심해지고요.
1년 전부터 복통이 심하게 와서 응급실도 몇 번 갔지만 일반 내과 약으로는 통증이 사라지지 않더라고요. 뭐가 잘못된 건지… 건강검진을 받아도 딱히 병이 있는 건 아니래요. 나이 들어가는 게 실감 날 뿐입니다. 남은 건강이라도 챙겨보려고 노력 중인데요, 체중은 정상인데 체지방을 빼고 싶어요.

Ⓐ 호르몬제는 때로 부작용을 일으킬 수 있어요.

몸이 아프면 나의 과거를 반성하게 되고, 심할 경우 자책까지 하게 돼요. 그렇다면 생각을 바꾸는 게 먼저입니다. 지금 겪고 있는 모든 증상은 '나이 들어가는 과정'에서 겪는 자연스러운 과정으로 받아들여야 합니다. 그게 갱년기를 원활히 지나가는 첫 번째 마음가짐이에요.

호르몬제는 증상을 완화시키기도 하지만 오래 복용하면 몸의 다른 부분에 영향을 미치기도 합니다. 건강해지려면 다음 3가지를 실천해보세요.

첫 번째, 근육량 늘리기
갱년기에는 호르몬의 변화로 근육이 잘 생기지 않고, 대사 속도가 느려져요. 이 때문에 체중은 정상이더라도 체지방 비율이 높을 수 있어요. 그렇다면 근육량이 줄지 않도록 영양소를 잘 섭취해야 합니다. 더불어 근력 운동을 병행해야 하지요.

두 번째, 카페인 줄이기
수면 환경을 최대한 편안하게 만들고 잠들기 전에는 카페인, 핸드폰을 피하는 것이 좋습니다. 명상이나 가벼운 스트레칭, 마사지로 몸과 마음을 풀어주세요.

세 번째, 복통의 원인 찾기
식단 일지를 쓰면서 어떤 음식을 먹었을 때 복통이 오는지 알아보는 것이 좋습니다. 식사 후 나른해진다면 식사량을 줄이고, 절대 앉아 있거나 눕지 말고 걸으세요. 식후에는 산책을 해서 혈당을 낮추고, 외출이 어렵다면 실내에서라도 많이 움직이세요.

지금 몸이 보내는 신호는 나를 돌봐달라는 표현이에요. 노화는 피할 수 없는 자연의 순리에요. 이 흐름에 맞춰 몸과 마음을 돌본다면 갱년기 전보다 훨씬 더 건강하게 지낼 수 있어요. 지금 하는 노력이 반드시 좋은 결과로 돌아올 거예요.

Q 체중이 두 달 만에 5kg 늘었어요. 빠지지도 않고 그대로인데 어떻게 해야 할까요?

평생 마른 몸으로 살아왔어요. 아이 둘을 낳았어도 원래 몸무게로 돌아왔는데, 2년 전 한두 달 동안 5kg이 늘더니 빠지지 않네요. 옷도 작아지고, 배도 많이 나왔어요. 그래서 좋아하던 빵, 떡, 면, 야식도 끊고 조금씩 운동을 하고 있는데도 좀처럼 빠지질 않네요. 요즘엔 여기저기 아픈 것도 같아요. 어떻게 해야 할까요?

A 몸이 변화하는 시기에 맞게 움직이세요.

몸 상태가 달라졌다는 건 이제는 다른 방식이 필요하다는 신호입니다. 젊은 시절에는 먹고 자도 살이 찌지 않고, 급찐급빠(급하게 찐 살 급하게 빼기)가 되었지요. 하지만 몸은 이제 호르몬 변화와 대사 저하의 시기로 접어들었기 때문에 새로운 방식이 필요해요.

첫 번째, 체중보다 대사작용에 무게중심 두기
갱년기의 몸은 지방을 태우는 속도가 느려져요. 게다가 지방을 전보다 더 잘 쌓이게 하고, 심지어 빠지지 않게 하지요. 복부 지방은 갱년기 표식과 같아요. 뱃살이 늘었다면 무조건 굶거나 고강도 운동을 하는 것보다 대사를 높이는 식사를 하면서 꾸준히 저강도 운동을 병행하는 게 효과적입니다.

두 번째, 제대로 잘 먹기
덜 먹어도 빠지지 않는 이유는 몸이 기초대사량을 줄여서 '비상 모드'로 들어갔기 때문이에요. 이럴 땐 영양을 잘 섭취하면서 지방을 태우는 방식을 선택해야 합니다. 빵, 떡을 그만 먹겠다고 다짐한 건 너무 잘하셨어요. 짜고, 맵고, 기름진 음식은 멈춰주세요. 대신 생들기름, 오메가3, 양질의 단백질, 야채, 과일, 통곡물은 꼭 식단에 넣으세요.

세 번째, 몸의 감각에 예민해지기
잠이 잘 오는가? 잠을 잘 잤는가? 배가 덜 답답한가? 화장실을 잘 가는가? 아침에 좀 덜 붓는가? 머리가 맑고 가벼운가? 체중계 숫자보다 몸의 감각을 깨워야 합니다.

오랫동안 참아왔던 몸이 이제는 여유를 갖고 싶은 건지도 몰라요. 서두르지 말고 천천히 건강한 식사, 꾸준한 움직임, 나를 돌아보는 마음을 실천해보세요. 지금 시작한 작은 변화가 몸을 되돌려줄 거예요.

Q 45세에 갱년기 생리불순이 찾아왔어요.

갱년기가 오니 몸이 전과 같지 않아요. 식단, 운동을 바꿔야 하나 고민이 듭니다. 45세 갱년기 시작이면 너무 빠른 것 같아요. 저만 이러는 걸까요?

A 40대 갱년기 여성이 점점 많아지고 있어요.

40대에 갱년기를 맞는 여성이 늘고 있어요. 하지만 막상 본인이 겪게 되면 '설마 벌써?'라는 생각에 걱정과 고민이 많아져요. 갱년기는 언제 오느냐 보다 '어떻게 받아들이느냐'가 더 중요합니다. 제가 잘 아는 한의사님은 이 시기를 이렇게 말씀하셨어요. "갱년기는 인생의 감기 같은 거야. 감기를 낫게 하는 약은 없어. 지혜롭고 현명하게 잘 보내서 면역력을 길러야 하는 거지." 40대 초중반에 갱년기가 오는 경우는 흔해요. 몸이 보내는 신호를 알아차리고 바꾸려고 마음을 먹었다면 내 몸을 돌보지 않아 너무 이르게 갱년기가 온 건 아닐까 하며 우울해하지 말고 지금처럼 지혜롭게 시간을 보내세요.

갱년기에는 어떤 변화가 올까요? 생리불순, 열감과 불면, 감정 기복, 체중 증가, 관절통, 피부 건조, 기억력 저하 등을 꼽을 수 있어요. 이때는 자극적인 음식을 줄이고, 알맞은 시간에 필수 영양소가 들어간 식사를 하세요. 그리고 매일 조금씩 몸이 긴장하지 않는 운동을 하세요. 마지막으로 내 마음을 관리해주세요. 내 잘못이 아니에요. 내가 잘못 살아온 것도 아닙니다. 햇살이 가득한 날에는 꼭 야외에 나가 산책을 하고 쉬는 시간을 만들어주세요.

Q 면역력이 낮아져서 컨디션이 나빠요.

봉와직염으로 염증 수치가 올라 보름 동안 입원과 퇴원을 여러 번 했어요. 조금만 피곤해도 염증 수치가 오르고, 면역력도 많이 떨어져서 몸이 너덜너덜해진 기분이에요. 일이 있어서 불규칙적으로 식사를 하고 잠도 많이 부족하다 보니 여기저기에 문제가 생기네요. 나아질 방법이 있다면 알려주세요.

A 면역력을 높이고 싶다면 무조건 쉬어야 합니다.

지금 가장 먼저 해야 할 건 '회복을 위한 멈춤'이에요. 봉와직염으로 여러 번 입원과 퇴원을 했다는 건 단순한 면역력 저하가 아니라 몸이 제발 좀 쉬라고 보내는 마지막 신호였을 거예요. 몸이 너덜너덜한 것도 가벼운 피로가 아니라 장기적으로 피로가 누적된 상태일 거예요. 그러니 지금은 회복을 우선으로 두세요. 일을 하면서 불규칙적인 생활을 지속한다면 좋은 영양제를 먹어도 효과가 없어요. 가능하면 매일 같은 시간에 자고 일어나며, 따뜻하고 소화가 잘되는 음식을 드세요. 몸이 아프면 보양식을 찾는 분이 있어요. 하지만 장을 편안하게 하면서 염증을 줄이는 식사를 해야 합니다. 장 건강이 곧 면역력입니다. 체력을 늘리겠다고 무리한 운동을 하려 하지 말고 쉬세요. 지금은 '열심히 잘 쉬는 것'에 집중하세요.

Q 심한 부종으로 하루하루가 고통이에요.

운동을 주 3회 정도 10년 동안 해왔어요. 그만큼 건강에는 자신이 있었는데 요즘 부종이 찾아와서 너무 힘듭니다. 하루하루가 부종과의 전쟁인데요, 이 전쟁을 끝낼 수 있을까요?

A 몸이 흐름을 되찾을 수 있게 도와주세요.

부종은 몸이 보내는 솔직한 신호에요. 지금은 '흐름'을 되찾아 주어야 할 때입니다. 40대 중반 이후 찾아오는 부종은 단순한 체액의 문제가 아니라 호르몬의 변화와 혈류의 흐름, 림프 순환 저하가 겹쳐서 생긴 결과일 수 있어요. 부종을 줄이는 방법을 알려드릴게요.

첫 번째, 염분 섭취 줄이기
덜 먹는 것보다 잘 먹어야 합니다. 몸은 영양이 부족하면 물과 염분을 더 붙잡아 두려고 해요. 토마토, 아보카도, 시금치, 콩류 등을 먹어서 염분을 줄이고 칼륨을 늘려주세요. 단백질이 부족해도 부종을 일으킬 수 있어요. 콩, 두부, 생선, 계란, 닭가슴살과 같은 양질의 단백질을 섭취하세요. 저녁은 가능한 금식이 좋습니다. 늦은 식사는 붓기의 주범이니까요.

두 번째, 순환 위주의 운동하기
10년 동안 해오신 운동을 순환 중심으로 바꾸어야 합니다. 가볍게 걷기, 림프 순환을 위한 스트레칭, 하체 순환을 도와주는 마사지를 자주 해보세요.

세 번째, 화장실 규칙적으로 가기

규칙적으로 대변을 본다는 건 몸이 건강하게 순환하고 있다는 뜻입니다. 아침에 따뜻한 물 1잔을 마시고, 화장실을 규칙적으로 가야 해요. 단 하루가 아닌 매일매일 루틴처럼 정착될 수 있도록 해야 합니다.

부종은 몸이 멈춰 있다는 뜻입니다. 흐름을 회복하면 몸은 반드시 다시 가벼워져요. 지금 내 몸을 다그치지 말고 천천히, 부드럽게 흐를 수 있도록 도와주세요.

식단

갱년기 다이어트 50일 프로그램

우리 몸의 세포는 100일 주기로 새로 태어난다고 해요. 그래서 저는 SNS에서 '갱년기 다이어트 100일 프로그램'을 팔로워와 함께 진행해보았어요. 프로젝트를 끝낸 후 다시 해달라는 요청을 많이 받았어요. 그래서 조금 더 현실적으로 50일 동안 함께 먹고 생활하며 몸과 마음의 균형을 다시 세워보자는 취지로 프로그램을 만들게 되었습니다. 변화는 움직이는 순간, 지금부터 시작이에요. 마음을 가다듬고 차근차근 프로그램을 실천해보세요.

 DAY +1   **봄동토마토온샐러드**(65쪽)

항생제를 오래 복용했다면 제일 먼저 몸을 따뜻하게 해주세요. 몸을 먼저 따뜻하게 데우지 않으면 혈액순환이 원활하지 않아 독소가 빠지지 않고, 체중도 줄어들지 않아요. 몸이 차가운 분은 이 샐러드를 주 3회 이상 꼭 드세요. 그리고 몸을 데우기 위해 다음 3가지를 꼭 실행하세요.

1. 천연 수분을 섭취할 것
2. 호흡과 운동을 할 것
3. 마사지와 목욕을 할 것

아침에는 음양탕을 마시세요. 음양탕은 뜨거운 물에 차가운 물을 섞어서 따뜻하게 만든 물입니다. 천연 꿀 1큰술을 입에 머금고 천천히 음양탕을 1잔 마셔줍니다. 몸이 따뜻해질 때까지는 커피, 차를 줄이고 밀가루, 돼지고기, 맥주와 같이 찬 음식은 멀리하세요. 적응하기 힘들겠지만 곧 좋아질 거예요.

삼치조림(170쪽)

몸을 따뜻하게 데워줄 담백한 식사입니다. 삼치 대신 닭고기나 두부를 써도 됩니다. 몸이 차가운 분들은 식단에 넣어 먹어보길 바랍니다. 몸을 따뜻하게 하면 살도 잘 빠지고 면역력을 올려 해독 작용에 도움이 됩니다. 몸이 찬 분들 중에는 다음 6가지 나쁜 습관을 무의식 중에 하더라고요. 잘 보이는 곳에 메모해 두었다가 매일 확인하는 습관을 가져보세요.

1. 물을 마시지 않는 것
2. 과일·야채를 적게 섭취하는 것
3. 운동하지 않고 움직이지 않는 것
4. 깊은 호흡을 하지 않고 얕은 호흡을 하는 것
5. 약(항생제)을 자주 복용하는 것
6. 찬 음식(밀가루, 돼지고기, 맥주 등)을 즐겨 먹는 것

 **당근감자수프**(102쪽)

건강식, 도대체 어떤 걸 먹어야 하나요? 자연이 준 그대로의 것이 가장 좋습니다. 다시 말해 사람이 변형, 가공하지 않은 그대로의 것 말이에요.
붉은 양념을 더해 볶거나 튀긴 음식, 밀가루, 색소, 감미료로 범벅 된 재료들로 만든 음식. 그 음식이 우리 몸에 들어가서 어떤 과정을 거칠지 상상해본 적 있나요? 몸에 해로운 것이 쌓여 힘들어지겠죠. 그럼 우리는 어떤 걸 먹어야 할까요? 앞서 말한 자연 그대로의 것이에요. 초가공식품, 첨가물에서 벗어나 자연 그대로를 느껴보세요.

 **멸치취나물주먹밥**(126쪽)

오늘부터 어떤 걸 먹어야 하는지 자신에게 질문하고 식사해보세요. 음식이 몸으로 들어간 이후의 과정을 상상했을 때 다음과 같은 모습이 떠오르면 됩니다. 그래도 잘 모르겠다면 제 SNS에 질문을 남겨주세요. 성심성의껏 답변해드릴게요.

1. 건강해지겠다
2. 건강하지는 않지만 특별히 나쁘지도 않겠다

3. 먹기는 하되 양을 조금만 먹어야겠다
4. 먹을 수는 있지만 지금 이 시간에 먹기는 힘들겠다
5. 이걸 먹으면 내 몸이 아프겠다

 **+5** 열빙어부추온샐러드(76쪽)

50일 프로그램을 시작한 지 벌써 5일이 지났습니다. 앞으로 약 10일간 필수 루틴이 몸에 익숙해지도록 집중하기 바랍니다. 필수 루틴이 몸에 익으면 갱년기 다이어트의 50%는 성공입니다. 그 나머지 50%는 식단이고요. 50일 프로그램이 끝나도 지속 가능한 다이어트를 실천하려면 살이 빠지는 원리를 알고 실천해야 하니 꼭 기억해야 해요. 지속 가능한 좋은 식단은 5가지로 정리할 수 있어요.

1. 쉽게 따라 할 수 있는지 고려할 것
2. 단기 혹은 장기적인 감량 효과가 있는지 고려할 것
3. 영양상 완성도가 있는 식단인지 확인할 것
4. 안전한 식단인지 확인할 것
5. 만성질환 예방 및 관리에 대한 잠재적 효과가 있는지 고려할 것

 **+6** 연근채소찜(162쪽)

다이어트 기간에는 간식을 자제하는 게 좋아요. 하지만 어쩔 수 없이 출출해지는 순간이 오죠. 그럴 땐 무작정 참는 것보다 '간식 도시락'을 싸서 준비해보세요. 미리 소스를 만들어 소분하고 냉동한 뒤 필요할 때마다 해동해서 먹으면 편리하지 않을까요. 연근채소찜은 전날 저녁에 미리 만들어 놓고 아침에 도시락통에 쏙 담아 가면 간편하게 챙길 수 있답니다. 간식 도시락을 편리하게 만드는 3가지 방법 꼭 기억하세요.

1. 도시락에 넣을 과일, 채소는 냉장고에 있는 것으로 채우기
2. 소스는 미리 만들어서 여러 번 나눠 먹을 수 있게 소분하기
3. 도시락통은 들고 다니기 좋은 가벼운 것으로 고르기

치킨토마토수프(100쪽)

밤새 우리 몸은 일정량의 수분을 재활용해서 순환시킨답니다. 기상 후 따뜻한 물을 마시면 고여 있던 수분이 맑은 물로 채워지고 자연스럽게 배출이 됩니다. 여기에 양치까지 해주면 입안의 세균도 덜어낼 수 있지요. 몸을 깨우는 것은 카페인이 가득 든 모닝 커피가 아닌 깊은숨과 느리게 이어지는 스트레칭이에요. 몸의 가장 큰 호흡기관은 면적이 제일 큰 피부랍니다. 피부 호흡을 통해서 기체 독소를 빼주려면 아침 스트레칭을 해야 합니다. 스트레칭하는 방법을 잘 모르겠다면 국민체조 2세트만 해보세요.

 **새우온샐러드**(69쪽)

몸은 우리가 자는 동안 몸에 쌓인 독소를 해독하고, 아침부터 정오까지 독소를 배출하기 위해 에너지를 움직입니다. 앞에서도 얘기했지만 노폐물은 몸 밖으로 자연스럽게 나가지 않아요. 땀, 소변 등 수분으로 내보냅니다. 이때 영양소가 담긴, 효소를 담은 천연 수분을 몸에 넣어주면 배출도 원활하고 영양소도 바로바로 채워지겠죠? 여기에서 말한 천연 수분이란 바로 과일, 야채를 가리킵니다.

오전에 샐러드를 섭취하라는 건 이 때문이에요. 아침에는 차가운 샐러드가 부담스러울 수 있어요. 그럴 땐 물을 자작하게 부어 찌듯이 익힌 따뜻한 샐러드가 좋습니다.

새우온샐러드 말고 다른 샐러드를 만든다면 향신채를 제외한 제철 채소 2~3가지와 계란, 두부, 김, 들깨, 견과류 등을 곁들이면 영양적인 면에서 균형이 맞습니다. 향신채는 맛이 강해서 다른 재료의 맛을 누를 수 있고, 위가 약한 분은 속 쓰림이 발생할 수 있어요. 그러니 온 샐러드를 만들 때는 가급적 향신채를 제외하세요.

 다시마채김밥(130쪽)+**무채국**(206쪽)

정오 이후부터는 뭐든 먹고 싶은 것으로 마음껏 드세요. 삶은 고기를 먹어도 됩니다. 식사 후에 나른해서 앉거나 눕고 싶은 분들은 탄수화물을 줄이고 고단백 위주의 식사를 하는 게 도움이 됩니다. 식후에는 가볍게 산책을 해주세요. 집에만 있다면 반드시 환기를 하고 집안을 정리하는 등 몸을 많이 움직여주세요. 식후에 달콤한 디저트가 생각난다면 가벼운 산책을 해보세요. 간식은 오후 3시경부터 드세요. 단, 과자와 빵 같은 밀가루 음식은 금지인 거 아시죠? 커피 1잔은 괜찮아요.

DAY +10　　　　　　　　　　　과일야채샐러드(51쪽)+계란프라이

저녁 7시 이후 금식이라면 6시 59분까지는 먹어도 된다는 말일까요? 운동을 지도해주던 PT 선생님은 제게 "운동 오시기 최소 1시간 전에는 식사를 마치셔야 합니다."라고 했어요. 그래서 딱 1시간 전까지 밥을 먹고 운동을 하러 갔지요. 그런데 운동하는 내내 위가 무거워서 동작이 제대로 되질 않고, 방구와 트림이 나올 것 같아서 조심하다 보니 운동에 집중할 수 없더라고요. 공복 운동이 효과적이라는 걸 알았지만, 운동하기 1시간 전에 밥을 먹었으니 공복이라고 생각한 거예요. 여러분 생각은 어떠세요? 저녁 7시 이후 금식이면 언제까지 먹으라는 말일까요?

DAY +11　　　　　　　　　　　　　　　채소두부조림(166쪽)

샐러드는 30분에서 1시간 정도면 소화가 됩니다. 채소두부조림이라면 2시간 정도 소화 시간이 걸릴 수 있어요. 일반적인 밥, 국, 반찬을 먹었다면 3시간, 삼겹살 같은 육류가 포함되었다면 6시간 정도는 음식물이 위에 머물러요. 따라서 7시 이후 금식이라면 샐러드, 수프는 1시간 전에 식사를 마쳐야 하고 일반 식사는 3시간 전에 마치는 것이 좋습니다. 필수 루틴으로 보면 5시까지가 간식 시간이지요? 5시 이전에 간식을 먹었다면 7시 이후 금식이 맞습니다. 오늘부터 제대로 된 7시를 지켜보아요.

DAY +12　　　　　　　　　　　브로콜리고구마두부수프(90쪽)

잠을 잘 자는 것도 매우 중요합니다. 평소보다 1시간 일찍 잔다면 다음 날 몸이 훨씬 가볍고, 평소보다 활력도 넘칠 거예요. 우리 몸은 낮에는 연료를 공급받고 밤에는 해독을 합니다. 원활한 해독을 위해서라도 수면 시간, 수면의 질이 높아야겠지요? 저는 10시에 잠드는 게 좋다고 말하곤 합니다. 하지만 이건 아무래도 어렵지요. 그래도 최대한 11시 이전에는 핸드폰을 멀리하고 잠을 청해야 합니다. 50일 프로그램에서 말한 필수 루틴은 다이어트가 끝난 뒤에도 끊임없이 지속해주세요. 그러면 건강도 아름다움도 계속 유지될 거예요.

DAY +13　　　　　　　　　　　눈개승마샐러드(74쪽)

이번 주는 '해독'에 대해 공부하는 시간을 가져볼까 해요. 생체시계로 보자면 해독은 밤 10시부터 다음날 정오까지 대략 14시간 동안 진행된답니다. 해독 시간을 더 세밀하게 쪼개자면 2부로 나눌 수 있어요. 밤 10시부터 새벽 4시까지는 1부 해독 시간이에요. 새벽 4시부터 정오까지는 2부 해독 시간이지요. 우리가 집을 청소할 때 대충 아무렇게 하진 않잖아요. 처음에는 어질러진 물건을 정리하고, 청소기와 물걸레 기계를 사용해 바닥을 깨끗하게 청소하고 마무리하지요. 이처럼 해독도 먼저 해야 할 것과 그후에 해야할 것으로 나뉘어져요. 해독에 관한 이야기는 14일차에 이어서 해볼게요.

DAY +14　　　멸치취나물주먹밥(126쪽)+닭봉간장조림(168쪽)

1부 해독 시간에는 면역 기능이 작동됩니다. 몸에 염증 수치가 높은 분은 이 시간에 위를 비우고 숙면을 취하는 게 중요합니다. 2부 해독은 배출 기능이 가동됩니다. 몸속 독소와 노폐물이 몸 밖으로 나가는 것이지요. 위와 장 기능이 떨어진 분들은 이 시간에 어떤 음식을 먹느냐가 무엇보다 중요해요. 결론만 말한다면 1부 해독 시간에는 위를 비우는 금식을 해야 하고, 2부 해독 시간에는 천연 수분이 가득한 과일·야채를 많이 챙겨 먹도록 해요!

DAY +15　　　　　　　　　마늘종무침과 주먹밥(172쪽)

100일 프로그램을 마친 후 들었던 후기 중에 가장 많았던 이야기는 속이 편하고, 화장실을 잘 가고, 피부가 좋아지고, 몸이 가벼워졌다는 것입니다. 어찌 보면 평범해 보이겠지만 경험해본 사람은 큰 특별함으로 기억될 거예요.

오전 레시피를 잘 지키는데도 가스가 차는 복부 팽만감이나 더부룩함이 느껴질 땐 목욕을 해보세요. 따뜻한 물에 몸을 담그면 우리 몸의 세포가 이완되면서 장운동도 원활해집니다. 몸속까지 충분히 데워지면 배에 로션이나 오일을 바르고 손으로 가볍게 따뜻한 열감이 느껴질 정도로 마사지해주세요. 커피와 같은 자극적인 음료 말고 물을 마시는 것도 잊지 말고요. 몸은 매일 해독을 합니다. 일주일치를 몰아서 하지 않아요. 매일 해독을 염두에 두세요.

DAY +16   토마토하이라이스(136쪽)

우리 몸은 매일 해독을 합니다. 만일 오늘 해독해야 할 양을 다 하지 못하면 지방 속에 남겨두었다가 다음날 다시 해독을 시작합니다. 그런데 늦은 시간에 야식을 먹게 된다면 몸은 해독 활동을 멈추고 소화 기능 스위치를 켭니다. 거기에 수면 시간이 짧아진다면 해독 시간이 주어지지 않게 되지요. 결국 해독해야 할 독소의 양이 이틀간 쌓여 있는 셈이에요. 에너지는 그 양이 크게 늘거나 줄어들지 않아요. 몸속 독소가 일정량 이상 쌓여 있다고 해서 해독하기 위한 에너지를 만들지 않아요. 원래 하던 대로 하되 독소를 해독하긴 해야 하니 꼼꼼하게 하지 못하고 대충대충, 빨리빨리하게 됩니다. 그러면 깔끔한 몸 상태가 될 수 없겠죠? 그래서 독소는 미루지 않고 매일매일 깨끗이 해치울 수 있는 양을 주는 게 가장 좋아요.

DAY +17   고구마두부수프(89쪽)

금식을 하면 몸은 근육 에너지를 먼저 쓰고 지방을 분해해요. 그래야 지방 속에 있는 독소를 해독할 수 있고, 오전에 과일·채소를 듬뿍 먹어야 체내 노폐물을 몸 밖으로 보낼 수 있는 거예요. 그러니 저녁 금식과 오전에 먹는 과일·채소는 해독을 위한 필수 요소입니다. 점심 식사부터는 뭐든 먹어도 됩니다. 단, 우리 몸이 음식물을 분해하고 흡수 및 배출하는 과정에서 에너지 소비가 많이 되는 가공식품은 피해주는 게 좋습니다. 가공식품은 몸에 흡수되는 영양소보다 버려야 하는 노폐물이 많고, 그 과정에서 소화기관에 무리를 주기 때문이에요.

 고등어두부구이(174쪽)

생체시계와 식사 시간을 정리하면 이렇습니다.

1. 정오까지 과일·야채 섭취
2. 점심시간 이후 오후에는 고단백 식사
3. 저녁 7시 이후 금식

식단 외에 해독에 도움이 되는 것은 바로 스트레칭과 깊은 호흡이에요. 스트레칭은 아침,

저녁 2번씩 꼭 하면 가장 좋습니다. 특히 아침 스트레칭은 기상 후 바로 해주는 게 좋아요. 깊은 호흡은 몸 구석구석에 산소를 보내주기 때문에 해독 작용에 도움이 됩니다.

 **+19**　　　　　　　　　　　　　버섯스테이크샐러드(78쪽)

실내에 머무는 각종 방사능 물질들을 집 밖으로 내보내지 않으면 체내에 축적되게 됩니다. 기상 후에는 창문을 열어 환기를 꼭 시키고, 때가 되면 자주 환기하는 습관을 들이세요. 실내 적정 온도와 습도를 유지하는 것도 잊지 마세요.
밤 늦게까지 핸드폰을 보거나 다른 일로 숙면을 취하지 못하면 몸이 해독할 시간이 줄어들어요. 식이를 잘해도 숙면을 취하지 못하면 몸이 힘들어져요. 잠들기 1시간 전에는 모든 일을 마무리하고 침대에 누워 편안하게 숨을 쉬며 잠이 들 준비를 하세요.

 **+20**　　　　　　　　　　　　　　　계란찜샐러드(68쪽)

야심 차게 시작한 일도 시간이 흘러 익숙해지면 집중력이 떨어지기 마련이에요. 이럴 때는 문제의 중심으로 더 깊이 들어가는 게 좋습니다. '지금 식이를 바꾼다', '다이어트를 한다'라고 생각하면 지겹고 힘들 수 있어요. 그것보다 더 깊이 나에게 집중해봅니다. 가령 내 몸에 대해서 더 깊이 공부하고 이해하는 거예요. 그러면 한 걸음 앞으로 나아갈 힘을 얻게 됩니다. 어렵고 힘들지만 이 마음을 기억하며 목표한 날까지 포기하지 말고 완주해보세요.

 **+21**　　　　　　　　　비름나물밥(128쪽)+무채국(206쪽)

비름나물 대신 깻잎, 참나물, 취나물로 나물밥을 만들어도 좋아요. 나물밥은 김에 싸 먹는 게 좋은데요, 그건 단백질을 보충하기 위함이에요. 계란프라이를 같이 먹어도 좋습니다.
오늘은 호르몬 얘기를 해볼게요. 우리 몸의 호르몬 종류는 80여 가지가 된대요. 만들어지는 장소와 역할은 모두 다르지만 대체로 아미노산으로 이루어져 있어요. 좋은 단백질과 지질로 구성되어 있다고 보면 되겠죠? 그런데 여기서 중요한 건 호르몬은 양이 많다고 좋은 것이 아니라 균형과 조절이 매우 중요해요. 과해도 좋지 않고, 너무 적어도 좋지 않죠. 혈관을 거쳐 표적세포에 잘 이동하는 게 관건이에요. 그럼 어떻게 이동시켜야 할까요? 맞

아요. 몸속 수분이 충분해야 좋은 호르몬이 만들어지고 잘 이동하고 균형과 조절 능력을 갖출 수 있어요. 몸에 수분은 꼭 필요하니 수분을 많이 섭취해보아요.

 **당근김밥**(127쪽)

사막에 가본 적이 있나요? '사막에서 오아시스를 만난 듯'이란 표현은 너무 반가울 때 흔히 쓰는 표현이잖아요. 그게 어느 정도일까요? 사막을 가보지 않은 저는 상상이 잘되지 않지만 아마도 이루 말할 수 없이 반가운 상황이겠죠?
물이 없다면 어떤 생명도 성장하기 어렵지요. 반대로 물이 있는 곳은 생명이 살아 숨쉬기 좋은 환경이죠. 그래서 모든 문명이 강을 따라 도시를 만들고 발전했는지 몰라요. 물은 정말 소중한 존재예요. 물의 효능을 다시 깨달으면서 오늘도 충분히 수분을 섭취하세요.

 **소고기와 명이나물겉절이**(175쪽)

몸은 생명을 잉태하고 있을 때 가장 많은 수분을 필요로 해요. 이때 수분이 부족하다면 어떻게 될까요? 엄마와 아이가 공평하게 반반씩 나눠 가질까요? 아니에요. 모든 수분은 아기에게로 쏠리게 됩니다. 영양도 불균형하고 수분이 부족한 상태로 출산하게 되면 이후 산후관리도 어려워지고 급격히 노화가 진행되기도 합니다. 이 이야기가 물의 소중함을 다시 한 번 느끼는 계기가 되길 바랍니다. 자, 그럼 지금 물 1잔 마셔볼까요?

DAY +24 **당근감자수프**(102쪽)

당근감자수프는 대용량으로 만들어서 냉동 보관하고, 때마다 데워 먹으면 편리해요. 삶은 계란이나 두부구이를 곁들이면 영양균형도 맞습니다.

DAY +25 **청국장버섯가지덮밥**(140쪽)

인체에 수분이 부족하면 생명 유지에 가장 중요한 부위로 수분이 모이게 됩니다. 그렇다면 생명 유지에 피부, 관절, 머리카락, 손톱, 발톱이 해당될까요? 아니에요. 앞서 말했던 것처럼 수분은 주요 장기로 이동하고, 나머지 부위는 수분이 없는 채 있어야 해요. 지금 피부에 건선이 늘어가고, 관절 통증, 생기 없는 피부, 푸석한 머리카락을 가지고 있다면 내 몸의 수분량이 부족하다는 뜻이에요. 수분 공급에는 지나침이 없어요. 넘치면 체외로 배출하니까요. 노폐물은 배출될수록 좋으니 꼭 신경 써주세요.

DAY +26 오이참외샐러드(72쪽)

우리 몸에 수분을 채워주라고 하니 '물을 많이 마셔야겠다'라고 생각했나요? 몸이 가장 잘 흡수하는 수분은 과일·야채에 들어 있는 천연 수분입니다. 그래서 아침 기상 후 정오까지 과일과 채소로 체내에 수분을 채워 노폐물을 배출하는 게 좋아요. 천연 효소와 수분이 부족하지 않도록 채워주는 것이 우리 몸을 살리는 방법이랍니다.

DAY +27 해초오이국수(138쪽)

지금까지 식단 유지를 잘하지 못했어도 걱정하지 마세요. 지금부터 약 일주일간 해조류 위주 식단으로 풍성하게 먹고 잘 비워주면 가볍게 다시 시작할 수 있어요. 해초오이국수를 만들 때 해초가 없다면 미역만 가지고 만들어도 좋습니다. 마찬가지로 지단이 없다면 다른 재료를 넣어도 좋아요. 양념한 닭 살코기를 넣어서 초계국수처럼 먹어도 좋지요.
매 끼니 골고루 잘 챙겨 먹으면 좋겠지만 그러기 쉽지 않아요. 그렇다면 주 1회, '밥 잘 챙겨 먹기 요일'을 정하는 것도 방법입니다. 예를 들면 해조류 먹는 날, 채소 듬뿍 먹는 날처럼 말이에요.

 +28 양배추참나물에그스크램블(134쪽)

식단을 구성할 때는 단백질이 포함되었는지 꼭 확인해보세요. 어릴 때는 김치찌개에 맛없는 두부가 들어가서 싫었을 때도 있었고요. 나물에 들어간 통깨가 멋으로 뿌린 줄 알았지요. 냉면을 먹을 때는 삶은 계란은 한쪽에 놓고 손도 대지 않았어요. 그런데 지금은 단백질을 꼭 챙겨 먹으려고 합니다. 오늘부터 매끼마다 단백질을 챙겨보세요.

 **봄동토마토온샐러드**(65쪽)

우리가 무심히 먹는 첨가물에 대해 얘기하려 해요. 요즘 여러 매체에서 첨가물의 종류를 얘기하고 있지만, 종류도 많고 기억하기도 어려워 잘 모르겠다고 말하는 분이 많아요. 그래서 먼저 첨가물이 어떤 것인지 간략히 정리를 해볼게요. 식품을 살 때 다음 7가지가 없거나 적게 들어간 식품을 사는 게 건강에 가장 이로우니 꼭 기억해두길 바랍니다.

7가지 식품 첨가물
1. 향미증진제: 감칠맛을 냄
2. 발색제: 색을 냄
3. 감미료: 단맛을 냄
4. 표백제: 색을 희게 함
5. 착색제: 색을 내고 변색을 방지함
6. 보존료: 부패를 방지함
7. 유화제: 식품을 유화시킴

7가지 식품 첨가물을 장기 섭취할 시 알레르기, 대사 혼란, 점막 자극, 장내 환경 악화 등이 발생될 수 있어요. 특히 갱년기에는 간 해독력이 떨어지는 시기이므로 누적 독성에 취약하니 더 조심해야 합니다.

+30 **삼색채소생채**(179쪽)+계란프라이

무생채를 무칠 땐 설탕이 들어가죠. 설탕 대신 사과를 추가해 자연적인 단맛을 내도 좋답니다. 밥에 계란프라이를 하나 올리고 삼색채소생채를 넣어 슥슥 비벼 먹으면 꿀맛이 따로 없지요. 이 메뉴를 만들고 난 뒤에는 양념통을 꼭 정리해보세요. 앞서 말한 7가지 식품 첨가물의 유무도 따져보고, 유통기한이 지난 것이 있는지도 살펴보세요. 최근 6개월 이내 먹지 않은 반찬이나 냉동 식품이 있다면 그것도 같이 정리해보세요. 냉장고가 깨끗해지는 순간 내 몸이 깨끗해지는 기분이 들 거예요.

 **버섯두부수프**(93쪽)

버섯은 여러 종류로 듬뿍 드세요. 근력량이 적다면 버섯두부수프를 주 1회 꼭 챙겨 먹는 게 좋아요. 버섯은 올리브오일을 두르지 않고 달군 팬에 바로 구워도 충분한 즙이 나와서 잘게 썬 감자나 두부를 넣고 볶을 수도 있어요. 시중에 판매하는 수프에는 식품 첨가물이 다량 들어 있어요. 직접 만든 수프로 버섯 보양을 해보세요.
식품 첨가물에 대해서 정보를 하나 더 드릴게요. '향미증진제'가 들어간 대표적인 식자재를 아시나요? 향미증진제로는 'L-글루탐산나트륨'이 대표적이에요. 이것은 조미료와 어묵에 많이 들어 있으며 당뇨, 간염, 천식, 소화기 장애, 과민성 대장염 등에 영향을 끼친다고 해요. 그렇다면 향미증진제를 자연 식재료로 대체한다면 어떤 것이 있을까요? 바로 '버섯', '김', '토마토'입니다. 이 3가지를 잘 기억하고, 조미료를 넣어야 할 때 이 재료들로 대체해 보세요.

 **마늘수육**(180쪽)

고기를 맛있게 먹고 싶다면 마늘수육을 해보세요. 집에 백김치가 있다면 곁들여보세요. 두 메뉴가 아주 잘 어울립니다. 어떤 분은 수육의 색이 희끄무레하다며 맛이 없어 보인다고 해요. 이처럼 색이 희미한 식재료에는 아질산나트륨 같은 발색제를 넣어 맛있어 보이게 만들기도 해요. 대표적인 식재료로는 햄, 소시지가 있습니다. 사람이 먹는 식품 외에 반려동물 간식에도 착색제와 발색제가 들어가기도 해요.
아질산나트륨은 혈관 확장, 혈액의 효소 운반 기능을 저하시켜 혈액암을 유발시키는 것으로 알려져 있어요. 특히 성장기, 갱년기, 노년기에는 섭취를 주의해야 합니다. 식재료는 항상 자연에서 생산된 그대로의 것으로 선택해야 함을 잊지 마세요.

 **오이참외샐러드**(72쪽)

참외와 오이를 생들기름, 들깻가루에 버무려 샐러드로 만들어본 적 있나요? 참외와 오이는 수분이 많아 땀이 많이 나는 분이 섭취하면 좋은 재료예요. 하지만 차가운 성질이 있기 때문에 설사, 복통 증상이 있을 수 있지요. 이때 생들기름과 들깻가루를 넣으면 이런 성질을 중화시키고, 대신 좋은 지방산과 단백질을 공급해줍니다. 가볍게 보이던 샐러드가 완벽하고 조화롭게 보이지요? 저는 오이참외샐러드를 만들 때 생들기름과 들깻가루를 넣어

서 맛과 영양을 균형 있게 잡아주었어요. 부디 여러분의 입맛에도 맞길 바랍니다.

   새우온샐러드(69쪽)

감미료는 단맛을 내는 첨가물이에요. 대표적인 감미료로는 설탕이 있어요. 인공 감미료는 사카린과 아스파탐을 예로 들 수 있어요. 인공 감미료는 혈액을 끈적이게 해서 혈전의 원인이 되고, 이는 뇌졸중으로 이어질 수 있어요. 미국 심장협회에서는 인공 감미료가 첨가된 음료를 장기간 섭취할 시 심방세동에 걸릴 위험이 높다는 연구 결과를 발표했어요.
단맛에 과도하게 노출된 지금, 건강을 생각한다면 인공 감미료 대신 천연 단맛을 기억하고 찾아보는 훈련이 필요한 것 같아요. 새우, 양배추, 토마토로 샐러드를 만들어 먹으며 각각의 고유한 단맛을 찾아보자고요.

   백김치두부찜(181쪽)

표백제는 식품이 변색되는 것을 막기 위해 사용하는 첨가물입니다. 마트에서 산 깐 도라지, 깐 밤이 하얀 이유는 '아황산'으로 표백 처리를 했기 때문이에요. 표백은 과일을 말릴 때도 다량 사용하는데요, 미관상 식품이 싱싱하고 맛있어 보이지만 영양소는 파괴되고, 과다섭취하면 위점막이나 천식, 기관지염과 같은 점막염증을 유발할 수 있습니다.
과일, 채소가 공기 중에 노출되어 갈변되는 것은 자연스러운 현상이에요. 만약 그렇지 않다면 혹시 표백제가 들어간 건 아닌지 의심해야 합니다. 표백제를 피하고 싶다면 가능한 색이 선명한 건조 과일보다 생과일을 선택하고 세척이 되지 않은 상태의 뿌리채소를 구매하는 것이 좋습니다.

   새우김만두(178쪽)

알록달록한 색이 돋보이는 과자, 젤리, 아이스크림, 음료 등에는 모두 식용색소(착색제)를 넣어요. 이 인공착색제는 체내에서 빠져나가지 않고 축적되어 대장염 외 각종 질병을 유발할 수 있다고 합니다. 자연에서 추출한 천연 색소가 아닌 인공 착색제는 되도록 먹지 않는 게 좋겠죠?

 닭고기오이냉채(176쪽)

빵이나 소시지, 치즈, 버터, 탄산음료 등에는 식품을 장기간 보존하기 위해 미생물을 억제하는 보존료가 들어 있어요. 어릴 적 가게에서 팔던 빵에는 간혹 곰팡이가 올라온 것들이 있었어요. 그런데 요즘은 곰팡이 핀 빵이 없어요. 유통기한이 매우 길어졌거든요.

제가 대학에서 강의할 때 학생들과 실험을 한 적이 있었어요. 어떤 학생이 즉석밥을 사 와서 비이커에 넣고 실험을 했는데 한 달이 지나도 곰팡이가 피지 않는 걸 보고 방부제의 위력을 느꼈죠. 방부제를 다량 섭취할 시 중추신경을 마비시키고 간, 눈, 피부 점막에 자극을 일으킬 수 있습니다. 방부제가 들어가지 않은 살아 있는 음식을 먹어야 할 이유가 여기 있는 거겠죠.

 해초샐러드(81쪽)

유화제는 물과 기름처럼 잘 섞이지 않는 두 종류의 물질을 섞이게 도와줘요. 천연 유화제로는 레시틴을 대표적으로 꼽을 수 있어요. 이것은 계란이나 콩에 들어 있고 독성이 없어요. 그러나 화학적 유화제는 장내세균을 교란시켜 장에 염증을 유발하고 당뇨와 대장암을 촉진할 수 있어요. 주로 아이스크림, 디저트 토핑, 빵, 케이크, 마요네즈, 마가린, 사탕 등에 다량 포함되어 있답니다.

우리가 무심코 먹는 식품 첨가물들로 인해 몸속 스트레스를 높이고 질병을 유발한다는 사실은 이미 잘 알고 있죠. 꼭 기억해야 할 것은 몸은 한 번에 나빠지지 않는다는 거예요. 가랑비에 옷이 젖듯이 매일 조금씩 쌓여 이 질병을 일으켜요. 그러니 매일 조금씩 더 신중하게 식재료를 선택해보세요.

 닭가슴살스프링롤(182쪽)

좋아하는 것을 듬뿍 넣은 브런치를 가족이나 친구와 함께 도란도란 나눠 먹으면 어떨까요? 스프링롤은 싱싱한 과일과 채소를 먹을 수 있는 좋은 메뉴인데요, 해초나 김을 추가해도 좋습니다. 제철에 나는 것이 있다면 제철 식재료 위주로 골라도 좋아요.

DAY +40 셀러리당근장아찌(184쪽)

저는 종종 양파, 대파, 고수, 깻잎, 취나물 같은 채소 장아찌를 직접 만들어서 먹어요. 여러 종류를 만드는 대신 양을 조금씩 줄여 만들지요. 이번에는 셀러리로 장아찌를 만들어보았어요. 셀러리는 샐러드로만 섭취하는 편견을 버리면 어떻게 활용해도 참 좋은 채소예요. 아삭한 셀러리를 당근과 같이 간장 양념에 절여보세요. 간장을 묽게 해서 피클처럼 만들어도 괜찮을 것 같네요.

몸이 변하는 '갱년기 다이어트 50일 프로그램'이 막바지에 이르렀어요. 풀어지는 몸과 마음을 가다듬고 오늘부터 다시 목표한 날까지 굳은 마음을 가지고 전진하세요.

DAY +41 과일야채들깨샐러드(73쪽)

절기를 기준으로 영양 관리하는 방법을 알려드릴게요. '하지'는 1년 중 낮의 길이가 가장 길고, 밤의 길이는 짧은 시간이에요. 낮이 길어지면 사람들은 늦은 저녁까지 다양한 활동을 하게 되고, 자연스럽게 에너지를 소모시켜 체중을 줄이는 데 큰 역할을 할 수 있어요. 활동이 많아지고 잠자리에 드는 시간이 늦어질수록 면역력 관리를 잘해야 해요. 몸은 잠을 자야 면역력이 생기거든요. 그러니 낮이 길어질 때는 다이어트를 하면서 면역력 관리에 힘을 써야 합니다. 그래야 튼튼하게 겨울을 날 수 있어요. 면역 관리를 한다면 아침에 이 샐러드를 먹어보세요. 상쾌한 하루를 시작하는 데 도움이 될 거예요. '갱년기 다이어트 50일 프로그램'이 끝나도 아침에는 꼭 샐러드를 듬뿍 먹길 바랍니다.

DAY +42 청국장버섯가지덮밥(140쪽)

마른 비만에 대해 이야기해볼게요. 마른 비만은 몸무게는 표준 또는 저체중이지만, 근육량은 적고 지방량이 많은 상태를 가리켜요. 마른 비만은 손발이 차고 혈액순환이 원활하지 않을 수 있어요. 혈액이 흘러야 몸이 데워지고 영양분과 산소가 공급되는데 혈액은 뼈와 근육에 있고 지방에 있지 않기 때문이에요. 그래서 지방량이 많으면 면역력도 낮을 수밖에 없지요.

매일 몸무게로 스트레스받지 마세요. 체중계의 숫자가 아니라 근육량과 체지방량에 신경 써주세요. 체지방은 표준 이하, 근육량은 표준 이상을 만드는 게 갱년기 다이어트에서는 매우 중요합니다.

DAY +43　　　　　　　　　　　셀러리잎깻잎김밥(129쪽)

갱년기 다이어트의 최종 목표는 최소 표준의 근육량을 만드는 거예요. 근육이 갱년기 다이어트에 왜 중요할까요? 근육 안에는 인슐린 수용체가 있는데, 근육량이 부족하면 인슐린 저항성이 높아지게 됩니다. 다시 말해 근육량이 적으면 혈당 스파이크에 쉽게 노출되고, 지방 저장량이 많아지면서 체내 염증이 증가하게 되는 것이지요. 지금 과체중이라면 식이조절로 체지방량을 줄인 뒤 운동을 해야 돼요. 마른 비만인 경우에는 근육량을 증가시켜야 한다는 걸 꼭 기억하세요.

DAY +44　　　　　　　　　　　버섯들깨탕(207쪽)

지구 온난화로 매년 여름마다 최고 기온이 높아지고 있어요. 올해도 작년보다 무덥고 긴 여름이 될 거라는 소식이 있어요. 땀을 많이 흘릴수록 보양을 잘해야 합니다. 제가 추천하는 보양식은 한 그릇 먹으면 땀이 송골송골 맺히고 속을 데워주는 버섯들깨탕입니다. 버섯은 단백질이 풍부한 식재료입니다. 어떤 버섯은 근력 손실을 막아준다는 연구 결과도 있어요. 힘들게 만든 근육을 먹거리로 채워서 유지시키는 건 모두가 다 아는 사실일 거예요.

나이가 먹을수록 현금만큼 중요한 게 있다고 하지요. 맞아요. 바로 근육이에요. 근육은 뼈를 보호하고 우리가 자유롭게 움직일 수 있는 역할을 하기도 하지만, 요요를 막아주는 데도 아주 큰 역할을 해요. 노화는 누구에게나 찾아옵니다. 그러니 미리미리 한 살이라도 젊을 때 근육 키우는 습관을 들여보도록 해요.

DAY +45　　　　　　　　　　　브로콜리온샐러드(70쪽)

요즘 근육을 키우기 위해서 피트니스 센터에 많이 가지요. 예전에는 아령 하나로 근력 운동을 했는데, 요즘에는 여러 기구를 돌며 몸 곳곳을 단련하더라고요. 만약 갱년기에 근력 운동을 한다면 어느 부위를 집중적으로 해야 할까요? 모두가 알고 있겠지만, 허벅지입니다. 어릴 때는 짧은 옷을 입고 싶어서 허벅지가 굵은 게 싫었어요. 그런데 갱년기 이후에는 '근육은 내 재산이다' 생각하고 운동하고 있지요. 당뇨가 있으면 근감소증에 걸릴 확률이 일반인에 비해 3~4배 높다고 해요. 당뇨가 없는 사람도 팔, 다리 근육량이 줄면 당뇨에 노출될 수 있다고 합니다. 그러니 오늘부터 근육 키우는 운동은 꼭 하기로 약속해요.

 **+46**   닭미역국(199쪽)

근육을 키우는 음식으로 닭고기만한 게 또 없지요. 그런데 퍽퍽한 닭가슴살을 소금에 찍어 먹으려니 먹는 재미가 떨어지더라고요. 맛있다고 소문난 닭가슴살에는 첨가물이 많이 들어가 있고요. 그래서 저는 닭미역국을 자주 해먹습니다.
백숙용 육수 티백을 넣고 닭을 푹 익혀준 다음, 불린 미역만 넣으면 끝인 아주 간단한 메뉴잖아요. 밥알이나 면이 없어도 든든하고 밑간을 하지 않아도 미역 덕분에 간이 잘 맞답니다. 근육 키운다고 맛없는 닭가슴살만 드시지 말고 닭 한 마리 푹 익혀서 닭미역국을 만들어보세요.

 **+47**   해초묵밥(139쪽)

작년 한참 식이 변화로 살이 빠져 신났을 때 많이 먹었던 묵밥이에요. 묵밥은 시원하게 먹어야 한다는 편견이 있는데, 따뜻하게 먹어도 맛난답니다. 해초랑 오이를 양념에 버무려서 묵밥에 올려 먹어보세요. 별미 중에 별미랍니다.
다이어트를 시작한 지 47일이 지났어요. 이제 식재료 고르는 것도, 양념을 배합하는 것도, 조리 과정도 익숙해졌나요? 프로그램이 끝나더라도 다시 첨가물로 뒤덮인 일반식으로 돌아가지 말고, 우리 몸을 변화시킨 자연 그대로의 식단을 지켜나가길 바랄게요.

 **+48**   당근콜라비샐러드(64쪽)

샐러드는 계속 드시고 있나요? 좀 지루해졌다면 제철 채소를 더 넣어서 먹어보세요. 때로는 마늘과 같은 향신료를 추가해도 좋습니다.
우리 몸에 가장 이로운 먹거리는 제철에 나는 것들입니다. 추운 겨울을 이기고 싹이 날 때, 잎을 틔우고 열매를 맺어야 할 때를 알고 스스로 자라는 것들은 영양 밀도가 높고 자연의 에너지를 담고 있어 산화 스트레스를 줄여주는 효과도 있답니다. 덤으로 장바구니 부담도 줄여주지요. 이름도 어렵고 구하기 힘든 식재료보다 주위에서 쉽게 찾을 수 있는 것들로 풍성하게 차려드세요.

 **+49**　　　　　　　　　　　　　　　　　　　　　**뻥고돔찜**(185쪽)

목표했던 다이어트 기간이 다가올수록 더 잘 먹어야 합니다. 그래서 깻잎소스를 곁들인 생선찜을 준비했어요. 여기에 취향에 맞는 온 샐러드를 곁들이면 더 좋아요.

나를 위해서 차리는 음식이 때로는 귀찮을 때가 있어요. "누가 내 밥 좀 차려 줬으면 좋겠다~"라고 푸념을 할 때도 있잖아요. 특히 여름에는 불 앞에 서는 것조차 너무 힘들고요. 그럴수록 대충 때우지 말고 잘 챙겨 드세요.

갱년기 다이어트의 핵심은 바로 '필수 루틴'입니다. 기억나시죠? 필수 루틴만 챙겨도 몸이 가벼워집니다. 밥을 먹고 나면 나른해져 앉아 있거나 누워 있고 싶다면 일단 밖으로 나가서 짧게라도 걸어줍니다. 2~3시간 간격을 두어 실내 환기를 수시로 해주는 것도 잊지 마세요. 필수 루틴, 환기, 온도, 습도 맞추기를 습관처럼 하기! 내가 나를 만드는 거예요!

 **+50**　　　　　　　　　　　　　　　　　　**그린수프와 두부구이**(104쪽)

'갱년기 다이어트 50일 프로그램' 중 핵심 키워드를 정리해볼게요. 다른 건 다 잊어도 이 5가지는 꼭 기억하세요.

1. **면역**: 장 건강을 먼저 살리기
2. **해독**: 저녁에는 장을 비우고 숙면 취하기
3. **수분**: 과일·야채와 같은 천연 수분으로 몸을 청소하기
4. **영양**: 매일 매끼 챙기기 어렵다면 특정 음식 먹는 날을 정하거나 식물성 단백질을 가득 채우기
5. **근육**: 체지방은 줄이고 근력 늘리기

갱년기 다이어트 성공 후기

우리가 먹는 음식에는 많은 것이 필요하지 않다는 걸 깨달았어요. 심플하고 간결하게 먹는 게 결국 우리 몸에 이로운 거였네요. 지금부터는 평생 그렇게 먹을 거예요. 다이어트를 위해서 전선생님의 레시피를 보고 따라 했지만, 감량보다 제 몸이 아주 많이 건강해졌다는 걸 느꼈어요. 가족도 아주 만족하고 있답니다. 그동안 먹던 건강 보조제도 다 끊었습니다. 유기농 야채와 소스에도 원재료 외 다른 성분이 첨가되지 않았는지 보고 고르는 습관도 생겼습니다. 이런 변화를 주신 전선생님, 고맙습니다.

@noh_kyoun****

갱년기에는 약보다 건강한 식사가 훨씬 중요하다고 생각했지만, 만들어 먹을 수 있는 레시피는 한정적이잖아요. 그런데 생각의 틀이 깨진 계기가 되었어요. 새로운 레시피를 가득 알려주셔서 가족들과 좀 더 행복한 식단을 할 수 있게 되었답니다.

@yebin_*****

저는 유방암 환자로 2년차 호르몬 치료중이에요. 암 환자라 매일 과일·야채를 먹어왔지만 어떻게 하면 더 맛있게 먹을 수 있을까, 고민이 되더라고요. 그러던 중에 이 레시피를 만나 매일매일 건강하고 맛있는 음식을 잘 먹고 있습니다. 앞으로도 잘 부탁드립니다.

@hoho*******

제철 식재료와 기본 양념만 있으면 건강식을 만들 수 있다는 걸 이제야 깨달았습니다. 혼자서 대충 라면이나 빵으로 간단하게 해결하던 식사도 지금은 정성껏 준비해서 먹고 있어요. 화장실을 자주 못 갔었는데, 요즘은 매일매일 가요. 그래서 그런지 묵직하던 아랫배도 조금씩 들어가고 몸이 너무 가벼워요.
처음에는 조리법이 손에 익지 않았지만 어느 순간 술술 만들고 있더라고요. 어찌 보면 평범한, 그렇지만 건강하고 특별한 레시피를 만들어주셔서 감사합니다.

@nice_****

우연히 이 레시피를 알게 되었고, 맛있어 보이는 것 몇 개만 만들어보았습니다. 한두 가지를 만들어 먹다 보니 제가 조금만 관심을 가지면 맛있고 몸에 좋은 요리들을 만들 수 있겠구나 싶더라고요. 레시피 따라 하면서 얼굴 좋아졌다는 소리에 기분도 좋고, 살도 빠져서 제 나름의 몸건강레시피를 연구중입니다.

@hd_to*****

음식이 나를 만든다는 말에 공감합니다. 지난 2월 자녀로 인한 실망으로 우울감이 왔는데 털어내지 못하고 무기력증으로 이어졌어요. 매일 침대에서 일어나서 뭐 하나 마무리하지 못하고 다시 침대로 들어가기를 한 달 넘게 힘든 시간을 보내면서 몸이 완전히 망가졌어요. 매일 전선생님 요리를 보면서 이거라도 해야지 하는 마음이었던 것 같아요. 요리를 먹으면서 붓기도 가라앉고 마음과 몸이 가벼워져서 침대에서 일어나 조금씩 집안일을 해낼 마음이 생기더라고요.

음식으로 마음을 세우고 이제는 산책을 하러 나가는데 더할 나위 없이 좋아졌습니다. 음식으로 못 고치는 병은 없네요. 어느 날 저녁과 주말 메뉴로 내놓으니 남편이 "요즘 뭐 배우나 봐?" 하더라구요. 감사합니다.

@yjy****

칠순을 눈앞에 둔 제가 용기 내어 전선생님의 레시피를 만들어봤어요. 딸들에게도 보여주며 같이 하고 있고요. 매일 한 끼를 어떻게 먹어야 하는지 많이 고민했는데, 이제는 기다림으로 바뀌고 오늘은 어떤 게 나올까 두근거리기까지 합니다. 남편에게도 한 끼를 권하며 식구들도 팬이 됨을 고백합니다. 몸도 마음도 가벼워져 내 손이 쉬는 날까지 함께 하렵니다.

@geum****

아무 것도 안 하고 100일 동안 전선생님 레시피만 따라 했는데 몸이 알고 있네요. 건강하지 않은 식재료로 인해 시들어가던 몸이 단비 같은 올바른 먹거리를 만나게 되었어요. 감사하고, 그 중요성도 알려주셔서 감사합니다.

@acac****

저는 과일 먹는 게 어려웠어요. 그런데 단감드레싱, 단감샐러드를 먹고 나서 생각이 바뀌었어요. 그리고 사보지 않았던 식재료들을 사서 요리해보고 맛있게 먹는 법도 알게 되었어요. 아침 물 마시기는 이제 습관이 되었고, 커피를 굉장히 좋아했는데 지금은 디카페인으로 1잔 정도 마시고 있어요. 식이를 한 이후 입술 색이 붉어지고 이뻐진 것 같아요. 피부도 좋아졌어요. 무엇보다 매일 식단 고민에서 벗어날 수 있었어요. 햄이나 치킨너겟으로 대충 때울 때도 많았는데 지금은 이런 식품을 안 산 지도 한참 됐어요. 전선생님 레시피 덕분입니다.

@janb******

에필로그

갱년기야 고마워!

신이 50세 즈음에 갱년기를 내려주는 이유가 있지 않을까요?
만 50세는 '지천명', '하늘이 내려준 사명을 아는 나이'라고 하잖아요.

지독한 갱년기를 지나면서 내가 몹쓸 병에 걸린 게 아닌가?
내 인생은 왜 이렇게 힘든가? 끝나지 않을 것 같은 시간 속에
진짜 별의별 생각을 다 했거든요.

그런데 식이를 바꾸고 나서 몸과 마음이 새로워지고,
다시 태어난 듯 가볍고 활력이 넘치는 경험을 하게 되었어요

갱년기는 제 내면을 깊숙이 들여다보게 만든 계기가 됐어요.
어쩌면 하늘이 '이제 너의 인생을 살아라' 하고

일부러 멈춰 세운 시간이었는지 몰라요.

하늘이 준 사명이라는 걸 저는 갱년기를 통해 알게 되었어요.

생각과 식이를 바꾸고 갱년기를 무사히 잘 건너오면서

비로소 온전히 저 자신에게 집중할 수 있게 된 지금이 너무 좋아요.

혹시, 갱년기 때문에 힘든 분이 계신다면

그건 인생을 바꿀 기회입니다.

한 끼 식사부터 차근차근 저와 함께해요.

찾아보기

ㄱ

3가지버섯오이볶음	160
계란김순두부국	205
계란찜샐러드	068
고구마견과류드레싱, 당근견과류드레싱	032
고구마두부수프	089
고구마영양밥	117
고등어두부구이	174
과일야채들깨샐러드	073
과일야채샐러드	051
굴비트봄동볶음	161
그린수프와 두부구이	104
깻잎순드레싱	031
꼬막톳밥과 달래양념장	122

ㄴ

녹차밥	119
눈개승마샐러드	074

ㄷ

다시마영양밥	118
다시마채김밥	130
단감드레싱	034
단감참나물샐러드	056
단호박브로콜리두부수프	098
닭가슴살스프링롤	182
닭고기오이냉채	176
닭미역국	199
닭봉간장조림	168

당근감자수프	102
당근고구마두부수프	096
당근김밥	127
당근숙주나물무침	154
당근찹쌀쿠키	217
당근콜라비샐러드	064
들깨미역국	200
들깻가루오이샐러드	058

ㅁ

마늘수육	180
마늘종무침과 주먹밥	172
멸치취나물주먹밥	126
무채국	206

ㅂ

백김치두부찜	181
버섯두부수프	093
버섯들깨탕	207
버섯스테이크샐러드	078
벵고돔찜	185
병아리콩고구마두부수프	094
병아리콩드레싱	036
병아리콩드레싱모듬샐러드	054
봄동토마토온샐러드	065
브로콜리고구마두부수프	090
브로콜리바나나계란빵	218
브로콜리온샐러드	070
블랙수프	092
비름나물밥	128

ㅅ

사과무생채	159
사과양배추견과류샐러드	052
삼색채소생채	179
삼치조림	170
새싹단감샐러드	061
새우김만두	178
새우온샐러드	069
생강계피차	215
생강초절임샐러드	071
생톳밥	124
섬초무스테이크	164
세발나물드레싱	038
세발나물청국장샐러드	060
셀러리당근장아찌	184
셀러리잎깻잎김밥	129
셀러리잎드레싱	039
셀러리잎열빙어구이	163
셀러리참외샐러드	080
소고기와 명이나물겉절이	175
수삼두유	216
쑥톳밥	120

ㅇ

양배추닭백숙	132
양배추참나물에그스크램블	134
양배추홍초스테이크샐러드	062
양송이두부수프	097
연근봄동들깨탕	202
연근채소찜	162
열빙어부추온샐러드	076
오이참외샐러드	072
우뭇가사리병아리콩국	201

ㅊ

참나물드레싱	035
채소두부조림	166
청경채숙주나물무침	155
청국장버섯가지덮밥	140
취나물맑은순두부국	204
취나물무침	153
치킨토마토수프	100

ㅋ

콩물셀러리샐러드	057

ㅌ

토마토김두부샐러드	067
토마토하이라이스	136

ㅍ

포항초당근토마토구운샐러드	066

ㅎ

해초묵밥	139
해초샐러드	081
해초오이국수	138
햇미역오이무침	156
흑임자고구마생채	158

체중 감량, 불면증, 통증이 완화되는 해독 레시피
전선생의 갱년기 다이어트

초판 1쇄 발행 2025년 07월 30일
초판 3쇄 발행 2025년 10월 15일

지은이 전미란(전선생)

대표 장선희 **총괄** 이영철
책임편집 정시아 **기획편집** 안미성, 오향림
책임 디자인 이승은, 장혜미 **디자인** 프롬디자인(@fromdesign_studio)
마케팅 김성현, 이은진, 양아람
경영관리 전선애

펴낸곳 서사원 **출판등록** 제2023-000199호
주소 서울시 마포구 성암로 330 DMC첨단산업센터 713호
전화 02-898-8778 **팩스** 02-6008-1673 **이메일** cr@seosawon.com

홈페이지   인스타그램

ⓒ 전미란, 2025

ISBN 979-11-6822-450-6 13590

- 이 책은 저작권법에 따라 보호를 받는 저작물이므로 무단 전재와 무단 복제를 금지합니다.
- 이 책 내용의 전부 또는 일부를 이용하려면 반드시 저작권자와 서사원 주식회사의 서면 동의를 받아야 합니다.
- 잘못된 책은 구입하신 서점에서 바꿔 드립니다. • 책값은 뒤표지에 있습니다.

 서사원은 독자 여러분의 책에 관한 아이디어와 원고 투고를 설레는 마음으로 기다리고 있습니다. 책으로 엮기를 원하는 아이디어가 있는 분은 서사원 홈페이지의 '출간 문의'로 원고와 출간 기획서를 보내주세요. 고민을 멈추고 실행해보세요. 꿈이 이루어집니다.